CERDDI

T. GWYNN JONES

ⓗ Llŷr Gwyn Lewis / Cyhoeddiadau Barddas ©

Argraffiad cyntaf: 2022

ISBN: 978-1-911584-58-2

Cedwir pob hawl. Ni chaniateir atgynhyrchu unrhyw ran o'r cyhoeddiad hwn na'i gadw mewn cyfundrefn adferadwy na'i drosglwyddo mewn unrhyw ddull na thrwy unrhyw gyfrwng electronig, tâp magnetig, mecanyddol, ffotocopïo, recordio, nac fel arall, heb ganiatâd ymlaen llaw gan y cyhoeddwr, Cyhoeddiadau Barddas.

Cyhoeddwyd gan Gyhoeddiadau Barddas

www.barddas.cymru

Dymuna'r cyhoeddwr ddiolch i deulu T. Gwynn Jones am yr hawl i atgynhyrchu ei gerddi.

Mae'r cyhoeddwr yn cydnabod cefnogaeth ariannol Cyngor Llyfrau Cymru.

Dyluniwyd gan Olwen Fowler.

Argraffwyd gan Wasg Gomer, Llandysul.

CYFRES SEIRI'R CANRIFOEDD

CERDDI T. GWYNN JONES

Golygwyd gan
Llŷr Gwyn Lewis

Cyhoeddiadau
barddas

Cynnwys

tudalen

7 **Rhagymadrodd**

37 **Cerddi**
38 In Memoriam
39 Beth?
40 Y Gân a Fu
42 I'm Merch Fach yn Flwydd Oed
43 Ymadawiad Arthur
54 Penillion Pawb
58 Mab yr Ystorm
60 Y Gennad
61 Cymru Fo Am Byth
62 Tunis
63 Cairo
65 Gwlad y Tylwyth Teg
66 Y Dysgawdr
72 Y Gwladgarwr
76 Penmon
80 Hydref
82 Dafydd ab Edmwnd
84 'Pro Patria!'
94 Y Bedd
95 Cân y Medd
96 Am Ennyd

102	Senghenydd
103	Tír na nÓg
111	Hen Fynyddwr
112	Mater Dolorosa
113	Madog
118	Rhos y Pererinion
119	Ystrad Fflur
120	Be Nas Prididd Arall
122	Gwenoliaid
123	Chwalu
124	Anatiomaros
128	Y Weledigaeth
129	Argoed
134	Llyfrau
135	Y Tro Olaf
136	Y Saig
137	Cynddilig
145	Dynoliaeth
149	Yr Hen Actor
151	**Nodiadau ar y cerddi**
166	**Llyfryddiaeth**

Rhagymadrodd

'Gwynn Jones yw meistr beirdd y ganrif hon,' cyhoeddodd D. Gwenallt Jones yn 1945 (17), ac yn ôl E. Tegla Davies, roedd ei awdlau mawr wedi ei osod 'yn brifardd yr oesoedd' (1949: 108); mynegodd D. Tecwyn Lloyd yntau 'fy nghred bersonol na bu un meistr ar grefft barddoniaeth Gymraeg hafal i'r Athro T. Gwynn Jones o ddyddiau Dafydd Namor [*sic*] hyd heddiw' (1949: 21). 'Soniodd yr Athro Gruffydd amdano fel bardd Cymraeg mwyaf yr oesoedd. Hawdd yw cytuno, bid sicr,' meddai Iorwerth Peate yntau wedyn yn 1949 (112). Dyna flas o eiriau ei gyd-feirdd ac awduron amdano yn fuan ar ôl marwolaeth y Prifardd a'r Athro Thomas Gwynn Jones. Roeddent yn galaru ar ôl un o ffigyrau llenyddol mwyaf a phwysicaf y Gymraeg yn hanner cyntaf yr ugeinfed ganrif yn eu tyb hwythau, ac nid heb arwyddocâd yw'r ffaith iddo farw flwyddyn cyn i'r hanner cyntaf hwnnw ddod i ben. Fyth er 1902, pan enillodd Gadair yr Eisteddfod Genedlaethol am awdl nodedig o ran ei harddull a'i thestun, 'Ymadawiad Arthur', daethai'n ddiwydiant-un-dyn o gerddi, nofelau, dramâu, cyfieithiadau, ysgrifau a chyfrolau academaidd, beirniadaethau eisteddfodol, a myrdd o weithiau a chyfraniadau eraill, nes cymryd ei le fel y seren ddisgleiriaf yn ffurfafen diwylliant llenyddol Cymru.

    Un arwydd o'r bri mawreddog a roddid arno erbyn ei farw oedd cyhoeddi rhifyn o'r *Llenor* er cof amdano.

Eisoes cyn ei farw, yn 1945 cyhoeddodd Pwyllgor Cymreig y Blaid Gomiwnyddol *A Great Welshman: Symposium of Tributes* er ei anrhydedd gydag ysgrifau gan rai fel T. E. Nicholas, Gwenallt a Tecwyn Lloyd, ac yn ei flynyddoedd olaf hefyd derbyniodd CBE, dwy radd Doethur mewn Llenyddiaeth, y naill gan Brifysgol Iwerddon a'r llall gan Brifysgol Cymru, a Bathodyn Anrhydeddus Gymdeithas y Cymmrodorion. Bu sôn ar un adeg, hyd yn oed, am ei enwebu ar gyfer Gwobr Nobel am Lenyddiaeth, er na ddigwyddodd hynny yn y pen draw, oherwydd ei wrthwynebiad ef ei hun, mae'n debyg. Teg dweud, rhwng popeth, fod bri sylweddol arno fel bardd, ysgolhaig a ffigwr llenyddol erbyn ei farw yn 1949.

Oddeutu ugain mlynedd yn ddiweddarach, ar achlysur ei ganmlwyddiant yn 1971, cyhoeddwyd rhifyn arbennig o'r *Traethodydd* er cof amdano, a gellid maddau i'r darllenydd felly am dybio na phylodd y bri hwnnw'r un tamaid. Ysgrifau mwy cytbwys a phwyllog a gafwyd ar y cyfan yn y rhifyn hwnnw fodd bynnag: canolbwyntiai rhai o hyd mewn modd edmygus, addolgar, hagiograffaidd bron, ar y dyn, ond cafwyd yn eu mysg hefyd erthyglau mwy beirniadol eu gogwydd yn pwyso a mesur y gwaith, er bod Euros Bowen yn yr un rhifyn wedi awgrymu bod ei gyfraniad barddol yn 'ddiamau'n rhoi safle Ewropeaidd iddo fel bardd' (1971: 91). Un ysgrif nodedig o'r fath yw'r eiddo R. M. Jones, sy'n mynd ati i dafoli lle T. Gwynn Jones yn y canon erbyn y saithdegau, gan mlynedd ar ôl ei eni. Cred R. M. Jones 'fod y bri a osodwyd ar lenorion ei gyfnod ef yn fwy o lawer nag y gallent ei ddal o dan lygaid chwilgar diweddarach' (Jones 1971: 48). Yn wir, meddai, 'ni allwn i lai na theimlo fod y ganmoliaeth gyfoes a gafodd yntau wedi cyrraedd eithafion anghymhedrol'. Er hynny, mae'n barod i addef, 'diau bod ein hadwaith ninnau hefyd yn gallu bod yn anghymhedrol o anghytbwys i'r croes-gyfeiriad' cyn casglu, maes o law, wedi iddo gael y cyfle i ddarllen eto yn fwy pwyllog, fod 'T. Gwynn Jones yn anad neb yn hawlio ail-ffeindio'i le' (Jones 1971: 49).

Ond y mae R. M. Jones hefyd yn nodi yn yr erthygl honno 'i'r sôn amdano ymdawelu'n rhyfeddol yn ystod y deng mlynedd' rhwng 1950 ac 1960 (Jones 1971: 50). Yn wir, ar wahân i ambell erthygl ac ysgrif yma ac acw mewn cyfnodolion fel *Ysgrifau Beirniadol* a'r *Traethodydd*, bu raid aros hyd y flwyddyn wedyn, 1972, am y gyfrol gyflawn gyntaf o astudiaeth gynhwysfawr o'i farddoniaeth gan Derec Llwyd Morgan, a'r flwyddyn ganlynol am gofiant meistraidd David Jenkins iddo yn 1973. Bu'n rhaid aros degawd arall wedyn cyn ymddangosiad y gyfrol ar T. Gwynn Jones yng Nghyfres y Meistri yn 1982, a aeth ati i ddwyn ynghyd nifer o'r erthyglau distadl a gyhoeddasid arno dros y blynyddoedd, yn ogystal â gwneud y gwaith amhrisiadwy o gasglu ynghyd rai o'i gerddi nas cyhoeddwyd yn y casgliadau a ymddangosodd yn ystod ei fywyd.

Bid siŵr, roedd elfen o aildafoli ac ailddarganfod rhywfaint o gymesuredd a phwyll yn rhan o'r ymdawelu a'r ymbellhau hwn. Yr hyn sydd wedi digwydd yn yr oddeutu deugain mlynedd ers hynny, efallai, a ddylai beri rhagor o syndod, wrth i'r distawrwydd dyfu ac wrth i waith ac enw T. Gwynn Jones lithro'n gynyddol nes at ebargofiant. Bu cenedlaethau o blant, ar un adeg, yn dysgu cerddi fel 'Ystrad Fflur' a 'Rhos y Pererinion' ar eu cof. Mae rhywun yn amau erbyn hyn, fodd bynnag, y byddai nifer fawr o gerddi a llinellau T. Gwynn Jones yn annealladwy i'r mwyafrif o blant ysgol. Er ei glodfori erbyn diwedd ei oes hir yn un o'n beirdd mwyaf, ni roddir iddo mwyach yr un statws â rhai o'i gyfoedion neu rai ychydig yn ieuengach: rhai fel T. H. Parry-Williams, Waldo Williams, Gwenallt neu R. Williams Parry hyd yn oed, yr astudir eu gwaith i raddau mwy helaeth hyd heddiw.

Mae nifer o resymau teg, dybiwn i, dros hynny. Yn gyntaf oll, er clodfori ei ffresni a'i newydd-deb gan nifer yn sgil llwyddiant ysgubol 'Ymadawiad Arthur' ac, i raddau llai, ei ail awdl gadeiriol yn 1910, 'Gwlad y Bryniau', i'r darllenydd modern gall ei eirfa, ei gystrawen a'i ddelweddau ymddangos yn hynafol, yn ddieithr, yn annealladwy hyd yn oed. Mae ei ieithwedd a'i gyfeiriadaeth fydoedd i ffwrdd oddi wrth symlrwydd ymddangosiadol a mynegiant uniongyrchol ei gyd-Athro yn Aberystwyth, T. H. Parry-Williams. I raddau helaeth, mae a wnelo hynny â'r ffaith iddo ddod *cyn* Parry-Williams, a chyn nifer o feirdd 'mawr' eraill yr ugeinfed ganrif: yn wir, gellid dadlau mai ef a fraenarodd y tir ar eu cyfer. Yn hynny o beth, roedd yntau'n milwrio

ac yn ysgrifennu yn erbyn math gwahanol o lenyddiaeth
– elfennau o lenyddiaeth y bedwaredd ganrif ar bymtheg
– ac fel unrhyw fardd a filwria yn erbyn rhyw fath neu
ddull penodol o ysgrifennu, y mae hefyd, ar yr un pryd,
yn rhwym o ymdebygu iddo gan mai o hwnnw y mae
ei waith yn tarddu.

Mae a wnelo natur 'hynafol' ei ieithwedd a'i
gyfeiriadaeth hefyd â'r dull, yr estheteg, ac yn wir,
y prosiect bwriadus y mentrodd arno yn ystod ei yrfa
lenyddol, ac mae angen cadw hynny hefyd mewn cof
wrth ddarllen ei waith. Hynny yw, yn aml yn y cerddi
'mawrion' sy'n dwyn ysbrydoliaeth o lenyddiaeth yr
Oesoedd Canol, mae T. Gwynn Jones yn fwriadol yn
efelychu geirfa a chystrawen llenyddiaeth y cyfnod
hwnnw. Wrth gadw hynny mewn cof, yr hyn a all synnu'r
darllenydd yw'r graddau y llwyddodd i adfywio iaith
a mynegiant ei farddoniaeth *yn* a *thrwy* y ffiniau a'r
fframweithiau hynny.

Er mai cymharol brin bellach yw'r sylw cyfoes
i T. Gwynn Jones o gymharu â'r bri a roed arno yn
fuan ar ôl ei farw, mae sawl un wedi ymgeisio dros y
degawdau diweddar i ailymweld â'i waith, yn y gobaith
o sicrhau bod ei gerddi'n cyrraedd cynulleidfa newydd
o ddarllenwyr yn yr unfed ganrif ar hugain. Ymhlith
y rhai a ysgrifennodd amdano yn y blynyddoedd
diweddar, gan geisio taflu goleuni newydd ar ei waith,
y mae M. Wynn Thomas (2012) a Jerry Hunter (1997
a 2007), ac yn 1999 cyhoeddwyd detholiad o'i gerddi

dan olygyddiaeth Tegwyn Jones yng nghyfres 'Pigion 2000', Gwasg Carreg Gwalch. At hynny, bûm innau ac eraill fel Elen Ifan (2014) yn astudio agweddau ar ei waith fel rhan o ymchwil doethuriaeth; ac yn fwyaf diweddar, cyhoeddwyd cofiant swmpus, manwl iddo gan Alan Llwyd, *Byd Gwynn* (2019), sy'n llenwi nifer o fylchau â gwybodaeth newydd a ganfu'r awdur wedi cyhoeddi'r cofiant gwreiddiol gan David Jenkins yn 1973. Rhwng popeth, ac yn y gobaith fod gan T. Gwynn Jones rywbeth o werth eto i'w ddweud wrth gynulleidfa newydd yn ugeiniau'r unfed ganrif ar hugain, dyma gyfle tan gamp felly i ailgyflwyno detholiad o'i gerddi, ac wrth wneud hynny, i bledio'r achos drachefn dros T. Gwynn Jones fel un o feirdd Cymraeg pwysicaf hanner cyntaf yr ugeinfed ganrif.

T. Gwynn Jones, y bardd

Soniais eisoes mor weithgar oedd T. Gwynn Jones, i'r graddau nes i holl fyrdwn ei weithgarwch fygwth ei iechyd a'i ysbryd sawl tro. Rhaid cofio felly, o ran meintioli, o leiaf, mai cyfran fechan o gyfanswm corff ei waith yw'r cerddi. Eto i gyd, fel bardd y cofir amdano'n bennaf ac fel bardd, mae'n debyg, y mesurir ei gyfraniad i lenyddiaeth Gymraeg maes o law. O ganolbwyntio ar y cerddi'n unig, fodd bynnag, tasg anferth hyd yn oed wedyn yw ceisio dethol rhyw ddeugain o gerddi a all roi i'r darllenydd syniad o'i ddawn, ond hefyd o ystod ac amrywiaeth ei waith. Cafodd fywyd a gyrfa hir, o'i gyfnod yn newyddiadurwr crwydrol ledled y gogledd, yna'n gatalogydd yn y Llyfrgell Genedlaethol newydd cyn mynd yn ddarlithydd a maes o law yn Athro yng Ngholeg Prifysgol Cymru, Aberystwyth. Petai ond am hynny, felly, mae angen ceisio dosbarthu ei weithgarwch i wahanol gyfnodau: y rhamantiaeth gynnar; dadrith y Rhyfel Byd Cyntaf; yr ysfa gynyddol i fynd allan i'r byd, i edrych tua'r hyn a ddigwyddai yn Iwerddon ac ar y Cyfandir, ac i ddod â'r byd hefyd i gwmpas y Gymraeg; cyfnod y cerddi 'mawrion' yn ystod y dauddegau, ac yna'r arbrofi hwyr â dulliau newydd, moelach erbyn y tridegau. Yn yr un modd, gellid edrych ar ei ddatblygiad technegol, ac yn enwedig ei feistrolaeth a'i arbrofi â'r gynghanedd. Adfywiodd, bron ar ei ben ei hun bach, fesurau'r cywydd a'r englyn a'r hir-a-thoddaid yn agos at ddechrau'r ganrif, a defnyddiodd y gynghanedd fel addurn cywrain mewn mesurau eraill ar fydr ac odl hefyd, fel yr hen benillion neu'r soned. Yna arbrofodd â mesurau newydd gan addasu'r englyn unodl union, er enghraifft, i fesur 'Madog'; a'r *vers libre* cynganeddol hefyd tua diwedd ei yrfa.

Efallai fod pa safle dyrchafol bynnag sydd ganddo ar ôl wedi ei seilio ar olwg weddol gul ar yr yrfa honno: y canfyddiad ohono fel canoloeswr rhamantaidd, a bardd y pethau hardd, telynegol. Yn sicr, y mae'r elfen hon yn un gref iawn yn ei waith, ac yn y detholiad hwn hefyd; ond da y dywedodd Gerwyn Wiliams: 'Petai rhywun yn mynd ati'n ddibaratoad i ddarllen rhai o gyfnodolion

1914 hyd 1918, fe ellid maddau iddo am dybio fod dau
fardd yn dwyn yr enw T. Gwynn Jones wrthi'n cyhoeddi
cerddi ar yr un pryd' (Wiliams 1993: 196). Yn wir, rwy'n
dal i feddwl mai dyma un o'r datganiadau craffaf a
gafwyd am T. Gwynn Jones, ond y gellid ei ymestyn
ymhellach i gynnwys llawer mwy na dau, ac y gallai
rychwantu ei yrfa gyfan ar ei hyd. Aeth John Rowlands
hyd yn oed ymhellach gan faentumio bod 'gan T. Gwynn
Jones ddau lwybr llenyddol i ddewis rhyngddynt, ac fe
ellid dadlau iddo ddewis yr un anghywir. Y ddau lwybr
oedd rhamantiaeth a realaeth' (Rowlands 1983: 69).
Eto, byddai modd herio hyn i raddau, gan ddadlau na
fu'r dewis mor ddi-droi'n-ôl â hynny mewn gwirionedd,
ac mai gyrfa bolyffonig, galeidosgopig oedd eiddo
T. Gwynn Jones am flynyddoedd. Does ond angen cymryd
cip ar y rhestr faith o ffugenwau y cyhoeddodd ei waith
danynt (26 yn ôl cyfrif Alan Llwyd yn *Byd Gwynn*, ac fe
ellid ychwanegu o leiaf un arall, sef S. O'Bredasant, at
y cyfrif hwnnw) i gael awgrym o'r myrdd o leisiau sydd
yn ei gerddi. Gobaith y detholiad hwn, felly, yw rhoi
blas nid yn unig o'r rhamant telynegol, canoloesol,
ond hefyd o'r dadrith, y mileinder, y dychan crafog, y
chwerwder a'r siom. Y llais chwyrn uniongred a'r llais
melancolaidd, dwys. Y dyheu am ddianc, a'r taerineb
i wynebu. Y dychanwr dibris a'r enaid pruddglwyfus.
Yr anffyddiwr crediniol, a hefyd, fel y dywedodd Derec
Llwyd Morgan, y 'traddodiadwr arloesol'. Y cynganeddwr
rhugl, meistr y mesurau rhydd, a'r arbrofwr yn ogystal

â *vers libre*. Yr amcan, mewn gair, yw rhoi blas o rychwant cronolegol, thematig, arddulliol a lleisiol anhygoel T. Gwynn Jones. Fel yr addefodd John Rowlands drachefn, o'r un lle mewn gwirionedd y tarddodd y gwahanol leisiau: 'Dyna'r sbardun ar gyfer barddoniaeth T. Gwynn Jones – ei sinigiaeth ynglŷn â chyflwr anwar gwareiddiad ei oes' (Rowlands 1983: 73).

Themâu ei farddoniaeth
'Ymadawiad Arthur' – y gerdd 'fawr' gyntaf a ddaeth â T. Gwynn Jones i amlygrwydd fel bardd, yn hytrach na nofelydd, a'r awdl a enillodd iddo Gadair Eisteddfod Genedlaethol 1902, yw, o bosibl, ei gerdd fwyaf adnabyddus. Roedd hi hefyd yn gerdd dra gwahanol i'r awdlau eisteddfodol blaenorol – o ran ei delweddaeth, ei strwythur a'i hidiom. Drwy ei strwythur naratifol, a'i dawn dweud stori gynnil a chryno, llwyddwyd i ymbellhau oddi wrth dueddiadau pregethwrol ac athronyddol prifeirdd cadeiriol y gorffennol. Fel yr awgryma Alan Llwyd, 'Awdl storïol a gafwyd ym 1902, nid awdl draethodol, awdl delynegol nid awdl athronyddol wag' (Llwyd 2019: 143).

Un o feirniaid y Gadair y flwyddyn honno oedd John Morris-Jones, ac fel y sylwa M. Wynn Thomas, 'Dyma'r union fath o fardd, a'r union fath o farddoniaeth, yr oedd John Morris-Jones wedi breuddwydio amdanynt am ddeng mlynedd. I bob pwrpas, T. Gwynn Jones oedd y Mab Darogan y dyheuwyd ei weld yn "Cymru Fu:

Cymru Fydd", yr awdl gan John Morris-Jones a gyhoeddwyd yn 1891' (Thomas 2012: 142). John Morris-Jones a alwodd ar feirdd i droi ymaith oddi wrth eu didactiaeth a'u hathronyddu llwm a rhyddieithol, a'u hannog i droi yn hytrach at fath ar delynegrwydd rhamantaidd, er mwyn ceisio cyfleu rhyw fath o stori neu naratif, gan gloddio'n ddyfnach, ymhellach na'r presennol i ganfod eu hysbrydoliaeth.

Yn ei symlrwydd a'i dwyster dramatig, gellid dadlau, fel y gwnaeth Thomas Parry, fod ffurf y naratif yn dra dyledus i'r chwedlau Arthuraidd, ac i ryddiaith Gymraeg ganoloesol yn gyffredinol. Fel yr awgryma M. Wynn Thomas drachefn, 'camp bennaf "Ymadawiad Arthur", ym marn John Morris-Jones, yw fod T. Gwynn Jones wedi llwyddo i adfer y traddodiad barddol clasurol drwy lunio awdl hynafol ei hiaith sy'n rhwydo naws gyfareddol rhamantau'r Oesau Canol' (Thomas 2012: 143). Ac os oedd strwythur 'Ymadawiad Arthur' wedi'i ysbrydoli gan ryddiaith Gymraeg, roedd y gystrawen yn ganlyniad ymwybyddiaeth fanwl o'r canu caeth, ac yn benodol ieithwedd ac arddull y cywyddwyr. Alan Llwyd sydd drachefn yn crynhoi'r farn gyffredinol ynghylch ffynhonnell ieithwedd y bardd: 'Aeth Gwynn yn ôl at yr hen gywyddwyr, yn ôl at wreiddiau'r traddodiad, a dangosodd yr hyn a oedd yn bosibl gyda'r gynghanedd' (Llwyd 2019: 143). Fel yr awgryma R. M. Jones, wrth wneud hynny, roedd T. Gwynn Jones yn llunio cyswllt rhwng ieithwedd a rhyddid gwleidyddol: 'Dyma'r lle'r oedd y Gymru rydd seicolegol a phriod-ddulliol i'w chael' (Jones 1987: 124).

Ymatebodd darllenwyr eraill mewn ffordd lawer mwy negyddol i'r ieithwedd hynafol a'r gyfeiriadaeth anghyfarwydd – yr hyn a welid fel dylanwad dieithriol 'ceiliogod y colegau' (er cofio, wrth gwrs, na chafodd T. Gwynn Jones ei hun addysg uwch ffurfiol erioed). Er enghraifft, nododd un a alwodd ei hun yn 'Hen Ddosbarth' mewn colofn yn *Y Geninen* yn 1902 (267–9) fod ei gydymaith yntau wedi cwyno nad 'oedd gair o hanes ymadawiad Arthur o hyd cyraedd i'r glowyr a'r chwarelwyr: mewn hen lyfrau a ddarllenid yn y coleg y ceid hanes Arthur, a Thristan, ac Esyllt – pe hanes hefyd'. O gofio y byddai'r gyfeiriadaeth Feiblaidd sydd yn yr awdl yn fwy cyfarwydd i'r dosbarth gweithiol a'r capelwyr, nid pawb a groesawodd y gymysgedd o'r mytholegol a'r diwinyddol a gafwyd yn yr awdl. Yn wir, awgrymir bod rhyw amheuaeth ddofn o unrhyw ddeunydd nad oedd yn ysgrythurol – nad oedd, mewn ffordd, yn 'wir' neu'n gyson â hanesion y Beibl.

Mewn sawl ffordd, felly, mae'n werth ein hatgoffa'n hunain yn union pa mor chwyldroadol oedd yr awdl hon yn ei chyfnod ei hun. Ond mae hi hefyd yn sefyll fel math ar batrwm o'r themâu a'r dulliau sy'n llywodraethu yng ngherddi 'mawrion' eraill T. Gwynn Jones. Bu beirniaid fel Alun Llywelyn-Williams wrthi'n olrhain dylanwad yr athronydd Jean-Jacques Rousseau (1712–1778) ar feirdd y cyfnod wrth iddo faentumio mai 'yn y wlad y deuai dyn agosaf at y cyflwr cyntefig naturiol' (1960: 15). Adwaith oedd hyn i'r oes ddiwydiannol, i ddatblygiad diatal 'cynnydd', ac i bynciau llosg gwleidyddol fel mater y tir, gan arwain at farddoniaeth oedd yn llawn 'delfrydu ar hanes ac ar fyd natur' (1960: 16). Mewn barddoniaeth o'r fath ceid '[p]wyslais arbennig ar y teimlad ac ar y profiad unigol' (1960: 12), ac ymwrthod cyson â'r presennol: 'a rhaid iddo felly chwilio am ddihangfa mewn cyfnod neu le mwy cydnaws â'i hydeimledd' (1960: 13).

Y 'cyfnod' hwnnw – neu'r ddihangfa honno – yw'r Oesoedd Canol, fel a welwyd yng ngwaith Saunders Lewis fymryn yn ddiweddarach. Yn wir, yng Nghymru roedd a wnelo'r mudiad hwn hefyd â'r don newydd o ysgolheictod, yng ngofal rhai fel John Rhŷs a'i fyfyriwr John Morris-Jones, a oedd yn ailddarganfod ac yn ailorseddu llenyddiaeth Gymraeg ganoloesol. Cododd ton o genedlaetholdeb diwylliannol hefyd yn sgil methiant mudiadau gwleidyddol megis Cymru Fydd dros ymreolaeth. Eto fyth, yn yr Oesoedd Canol y canfu rhai fel T. Gwynn Jones batrwm ar gyfer eu gobeithion a'u dyheadau i'r cyfeiriad hwn hefyd.

Nid oes syndod felly, efallai, fod elfen o ddyheu am gael 'dianc' i ynys neu baradwys sydd ymhell i ffwrdd, boed yn ddaearyddol neu'n amseryddol neu'r ddau, yn codi dro ar ôl tro yng ngherddi 'mawrion' T. Gwynn Jones. Dilynodd beirniaid fel Derec Llwyd Morgan farn Alun Llywelyn-Williams i'r perwyl hwn, sef mai creu dihangfa

oddi wrth y byd presennol yw prif amcan cerddi hir
T. Gwynn Jones, ac mai '[g]an T. Gwynn Jones y cafwyd
yr enghraifft "glasurol" o'r baradwys bell fel ynys' (1960:
128). Fel y sylwodd Dafydd Johnston, nid yw'r 'escapist
tendency' yn rhywbeth unigryw i waith T. Gwynn Jones
yn y cyfnod o bell ffordd, ond ceir dimensiwn ychwanegol
i'r tueddiad dihangol hwn yn ei waith nad yw i'w gael
yng ngwaith Tennyson neu Ruskin neu William Morris.
Nid yn unig yr oedd diwydiant yn fygythiad oherwydd
ei fod yn fodern, ond hefyd oherwydd ei fod yn symbol
neu'n arwydd o rywbeth imperialaidd ac estron. Yr oedd
yr awydd am ddihangfa yng ngwaith T. Gwynn Jones,
felly, yn awydd am gael dianc nid yn unig oddi wrth
fodernedd, ond oddi wrth Brydain a thra-arglwyddiaeth
y Saesneg hefyd (Johnston 1998: 3–4).

    Wedi dweud hyn oll, nid dianc rhamantaidd, syml,
sydd yng ngwaith T. Gwynn Jones o bell ffordd. Sylwodd
beirniaid fel Jerry Hunter fod ei waith yn llawer mwy
na 'an attempt to do something new combined with
prolonged romantic foraging in the medieval past'
(2007: 120). Fe'n hatgoffir gan Hunter fod efelychu'r
hen a'r canoloesol, yn y cyfnod hwnnw, ynddo'i hun yn
beth syfrdanol o newydd: 'as has been noted time and
again, it also announced a kind of revolution […] As far
as Welsh strict-metre poetry in the early years of the
twentieth century is concerned, the medieval was also
most definitely part of the modern and the new' (2007:
120). Nid dianc er mwyn dianc yr oedd T. Gwynn Jones:

nid chwilio am ymgeledd ond chwilio am ysbrydoliaeth a deunydd er mwyn dychwelyd i'r presennol a chreu o'r newydd fel math o amddiffyniad a gweledigaeth amgen rhag arswyd dechrau'r ugeinfed ganrif. Nid undod a wêl Hunter yng ngwaith T. Gwynn Jones ond rhyw glytwaith, brithwaith o 'ddrylliau' wedi eu rhoi at ei gilydd drachefn ganddo, gan ddwyn i gof y llinell enwog honno o *The Waste Land* T. S. Eliot, 'These fragments I have shored against my ruins'. Dyma'r paradocs sydd wrth wraidd llawer o farddoniaeth T. Gwynn Jones.

Sut siâp oedd ar y bywyd cyfoes hwnnw i un fel T. Gwynn Jones? Ni chafodd addysg prifysgol erioed a bu ei fywyd yn un crwydrol dros ben am ddegawdau wrth iddo grafu bywoliaeth fel newyddiadurwr yn symud o un papur i'r llall yn Ninbych, yr Wyddgrug, Lerpwl a Chaernarfon, yn ogystal â threulio cyfnod yn yr Aifft i wella'i iechyd. Nid tan iddo symud i Aberystwyth, yn gyntaf fel llyfrgellydd ac yna fel darlithydd yng Ngholeg y Brifysgol, y daeth sefydlogrwydd iddo a'i deulu. A dyma fentro awgrymu efallai fod y cyfnod crwydrol hwnnw wedi cael effaith bellgyrhaeddol ar natur dameidiog, drylliog a pholyffonig ei waith, yn ogystal â'r safbwynt a gymerodd fel bardd, sef fel math ar ysgolhaig amatur yn sefyll ychydig ar wahân i'r bobl y dymunai siarad ar eu rhan. A thybed na chafodd y crwydro cyson hwn hefyd ddylanwad ar ei ymchwil am wreiddiau dyfnach, mwy sefydlog mewn llenyddiaeth a chwedloniaeth hynafol, yn ogystal ag ar ei ddyhead i ddysgu rhagor am lenyddiaethau eraill Celtia, Ewrop a'r byd?

'Crwydrais dipyn ar y byd,' meddai T. Gwynn Jones mewn braslun hunangofiannol, a mater gwleidyddol sydd fel pe bai'n llechu y tu ôl i lawer o'r symud cynnar hwn yw pwnc y tir, a fu yn bwnc llosg gwleidyddol yng Nghymru ac yn Iwerddon am ran helaeth o'r bedwaredd ganrif ar bymtheg. Roedd profiad T. Gwynn Jones hyd yn oed yn fwy uniongyrchol. O ganlyniad i bleidleisio yn erbyn y meistri tir, collodd ei dad, Isaac Jones, fwy nag un o'i ffermydd, ac mae'n anodd dirnad union effaith hynny – a'r diwreiddio cyson a brofodd y teulu – ar T. Gwynn Jones. Yn rhagair ei gyfrol *Ymadawiad Arthur a Chaniadau Ereill* (1910), yr awgrym a geir yw fod nifer o'r cerddi yn gynnyrch y datgysylltiad a deimlasai yn ystod ei gyfnod ansefydlog; yn ei air 'At y Darllenydd', dywed yr '[y]sgrifennwyd rhai o'r cerddi pan oeddwn ymhell o'm gwlad ac yn meddwl nas gwelwn byth mwy. Nid ŵyr ond a grwydro anwyled yw Cymru, a mwyned yw'r iaith a glaned yw'r bywyd sydd yno, ac a fydd yno byth, gobeithio'. Y mae'r syniad o 'grwydro', felly, yn un llywodraethol ac allweddol i'r cerddi cynnar hyn; fe'i ceir yn 'Y Dysgawdr', 'Mai' ac yn 'Y Pennaeth' i enwi tair cerdd. Ac ai ei grwydriadau ei hun a arweiniodd T. Gwynn Jones i synied am y bardd fel ffigwr crwydrol, gwrthodedig? Teimlai fod ei bobl yn ei erbyn drwy'r amser: 'Gwn yn hysbys nad oes ar fy ngwlad eisiau fy ngwasanaeth i' (Jenkins 1973: 149), cwynai, a phwysleisiodd David Jenkins 'ei argyhoeddiad cyson nad oedd y Cymry'n malio'r un botwm corn amdano' (155). Ond ar yr un gwynt, sylweddolai T. Gwynn Jones y rhyddid a gynigid o fod y tu allan ac ymhell oddi wrth ei wlad. Yn yr Aifft, meddai, o'i wrthgyferbynnu â'r 'Dwyreiniwr', 'nid Cymro na Sais, na Ffrancwr nag Almaenwr yw dyn, ond Ewropeaid'. Yn wir, mewn erthygl yn *Baner ac Amserau Cymru* yn 1892, mynnodd T. Gwynn Jones am y bardd Cymraeg mai 'goreu po fwyaf a ŵyr o ieithoedd a hanes cenedloedd eraill' (1892a: 5). Gresynai dro arall nad oedd rhagor o ddylanwad allanol ar farddoniaeth Gymraeg, ac ymroes i wneud iawn am hyn, gan gyfieithu testunau o wahanol ieithoedd i'r Gymraeg.

Yn hynny o beth, deuwn yn ôl eto at un o brif themâu barddoniaeth T. Gwynn Jones, sef y ddihangfa i ynys neu fyd delfrydol. Mewn gwirionedd, mae'r berthynas rhwng y ddeufyd yn un lawer mwy cymhleth, a'r dynfa *yn ôl* yr un mor gryf. Rhaid i Bedwyr yn 'Ymadawiad Arthur', er enghraifft, ddychwelyd 'at y drin [...] eto draw', a gadael er mwyn dychwelyd, maes o law, a wna Arthur yntau: 'Ond i fy nhud dof yn ol' (1910: 19). Felly hefyd yn 'Tír na nÓg': dychwelyd sydd raid i Osian, er y golyga hynny ei ddiwedd, yn hytrach na bywyd tragwyddol gyda Nia. Daw'r rheidrwydd i ddychwelyd yn gynyddol anochel i gymeriadau'r cerddi hyn; fel y sylwodd Robin Chapman ar ddiwedd ei astudiaeth o ganu telynegol dechrau'r ugeinfed ganrif, '[d]ychwelyd yw diweddglo'r gylchdaith ddaearol hon' (Chapman 2004: 144).

Gellir darllen y patrwm hwn o grwydro a dychwelyd yng ngyrfa ddeallusol T. Gwynn Jones yn ogystal ag yn ei grwydriadau daearol. Fyth ers ymweliad y Gyngres Geltaidd â Chaernarfon yn 1904, ymddiddorai yn y gwledydd a'r ieithoedd Celtaidd eraill. Gwnaeth gyfeillion mynwesol yn Llydaw ac Iwerddon, ac ymroes i gyfieithu barddoniaeth y gwledydd hynny i'r Gymraeg. Er hynny, doedd ganddo fawr i'w ddweud wrth yr holl basiantri a'r gwisgoedd, na chwaith ddiffiniadau ar sail hil yn unig. Cydweithio ieithyddol a diwylliannol – dyna oedd meddylfryd T. Gwynn Jones yn anad dim arall. Yn wir, buddiol yw ystyried ei weithgareddau pan-Geltaidd yng nghyd-destun ehangach ei ymwneud â nifer helaeth o ddiwylliannau ac ieithoedd Ewrop (Jones 1904: 5):

> Mae'r rhan fwyaf o brif ysgolheigion a llenorion y gwahanol genedloedd yn perthyn i'r Gymdeithas [...] Mae amryw o brif ysgolheigion Ewrop, heb fod yn Geltiaid eu hunain, ond eu bod yn hoff o'r ieithoedd Celtaidd a'u llen, yn perthyn i'r Gymdeithas, ac, yn wir, ni ddichon Cymdeithas o'r fath beidio a bod o ddyddordeb i'r holl genedloedd bychain, pa un bynag a f'ont Geltaidd ai peidio.

Gellid gweld gweithgarwch 'Celtaidd' T. Gwynn Jones yma felly fel ymgais i sefydlu lle'r gwledydd Celtaidd, a lle Cymru, ymysg cenhedloedd lleiafrifol eraill Ewrop. 'Yr oedd y Cymry' ar un adeg, meddai, 'yn gyfrannog yn niwylliant Gorllewin Ewrop, a'r Gymraeg cystal a rhyw iaith arall yno. Nid oedd "cachadurieit y wlad," chwedl Dr. Sion Dafydd Rhys, eto wedi dysgu dirmygu eu iaith eu hunain, a siarad iaith eu meistriaid fel caethion' (Jones 1921: 184). Dyna adlewyrchu'r gred greiddiol sy'n hydreiddio nifer fawr o'i gerddi hefyd, sef mai'r iaith Gymraeg sydd ar un wedd yn gosod y Cymry fel cenedl ar wahân, ond ar yr un pryd, yn baradocsaidd ddigon, yn eu gwneud yn deilwng i gyfranogi o ddiwylliant ehangach Ewrop.

Yn wir, dychwelodd at y cysylltiad cyfandirol hwn, a chwedloniaeth y cenhedloedd Celtaidd yng Ngâl, yn ddiweddarach yn y 1920au gyda 'Broseliáwnd', 'Anatiomaros' ac 'Argoed', gan bwysleisio'r cyswllt hollbwysig rhwng y Celt ac Ewrop. O fewn 'Argoed' yn enwedig, rhoddodd le i'r ystyriaethau ieithyddol a fu'n peri pryder iddo cyhyd, a'u gosod mewn cyswllt daearyddol ag Ewrop. Wrth gwrs, fel yr awgryma Peredur Lynch, y mae'r gerdd yn 'ddidrugarog o gondemniol am y Cymry a gollasai eu Cymraeg' (Lynch 2011: 96). Fel y sylwodd John Rowlands hefyd, gall yr olwg gwbl greiddiol a hanfodaidd hon ar iaith arwain at weld y sawl a'i collodd, neu'r 'cachadurieit' sy'n siarad Saesneg yn unig, mewn ffordd hynod ddirmygus ac eithafol: 'Mae'r bardd yn drwm ei lach ar y werin am lyncu'r anniwylliant newydd [...] Ffroenuchel a phiwritanaidd yw ei agwedd at yr arferion sy'n torri ar gyndynrwydd y traddodiad ffosileiddiedig [...] Yn y pen draw mae'n well ganddo weld Argoed yn cael ei llosgi'n ulw na'i bod yn ildio i'r defodau newydd' (Rowlands 1992: 86). Nid yw'n fuddiol i ninnau anwybyddu'r elfen hon yng ngwaith T. Gwynn Jones, ond ni ddylai hynny ein rhwystro rhag cydnabod hefyd yr elfennau mwy blaengar ac eangfrydig yn ei fydolwg a barai ei fod yn awyddus, wastad, i ddysgu rhagor am ieithoedd a diwylliannau Ewrop ac i'w cyfieithu i'w gyd-Gymry.

Mewn traethawd ar 'Ieithoedd' yn 1922, gosododd y bardd ei hun ymysg carfan o 'gyd-genedlyddion', sef ieithyddion o nifer o wledydd Ewrop a oedd yn cyfnewid gwybodaeth a llenyddiaeth ymysg ei gilydd, ac yn cyfieithu gweithiau llenyddol ei gilydd: 'Ceisiant feistroli eu tymherau a chasglu ffeithiau, dysgant fwy o ieithoedd na'r un dosbarth arall. Ysgrifennant at ei gilydd o bob cwr o'r byd i holi hanes ieithoedd, llenyddiaeth, arferion ac amcanion' (Jones 1922: 108). Nid yw'r gweithgarwch hwn, yn y cyfnod twymynol a phiwis o amgylch y ddau ryfel byd, i'w ddiystyru na'i ddibrisio, a rhaid addef hefyd wrth gwrs mai un nod arall o ran cyfieithiadau niferus T. Gwynn Jones o weithiau Ewropeaidd i'r Gymraeg oedd negyddu'r angen am Saesneg, fel y collai Saesneg ei safle imperialaidd a'i grym llywodraethol dros y Gymraeg; bellach, ni fyddai ond un arall o ieithoedd Ewrop, a'r waethaf hefyd ar hynny: 'English is the poorest language in Europe' (Jones 1911: 5).

Wrth gwrs, ni chafodd T. Gwynn Jones unrhyw fath o addysg brifysgol, ffurfiol, erioed. Ond y mae'n un o'r enghreifftiau Cymreig hynny o werinwr a ddaeth yn ysgolhaig dysgedig. Yn wir, fel ysgolhaig o fardd y gwelid T. Gwynn Jones gan ei gyfoedion, boed hynny'n wendid,

fel i 'Hen Ddosbarth' yn *Y Geninen*, neu'n gryfder i rai
fel John Morris-Jones (1909), a gredai fod ei awdlau
eisteddfodol yn dangos 'a wide and intimate acquaintance
with the older literature of Wales, especially the poetry
and romance of the middle ages', cyn ychwanegu:

> Mr Gwynn Jones had the advantage of being a
> pupil of the late Emrys ap Iwan, the grammarian,
> and one of the masters of modern Welsh prose.
> I believe he reads French and German, and has
> attended courses at the Irish School of Learning.
> Of his strictly academic qualifications, however,
> I have no knowledge, except in so far as they
> are reflected in his poems; but he possesses
> the scholar's instinct in a very rare degree.

Er diffyg addysg ffurfiol, ymddengys fod gan T. Gwynn
Jones reddf yr ysgolhaig, ac felly yr ystyriwyd ef gan
nifer helaeth o feirniaid diweddarach hefyd. Gwelodd
Geraint Bowen ei 'ail gyfnod' o farddoni fel un o
'ymddisgyblu a chasáu anghynildeb, fel gwir ysgolor'.
Sylwodd Hugh Bevan yntau 'fod gan y bardd hwn
ddiddordeb yr ysgolhaig mewn mytholeg', ac aeth
Iorwerth Peate cyn belled â honni: '[f]wy nag unwaith,
daliodd Gwynn Jones wrthyf mai ysgolhaig ydoedd yn
hytrach na bardd'. O edrych ar rai o'i gerddi mwyaf, fel
'Madog' a 'Cynddilig', dewisodd T. Gwynn Jones roi lle
canolog i gymeriadau'r mynachod, y rhai sydd fwyaf
pwyllog a hirben o fewn byd y cerddi hynny. Pwy oedd
ysgolheigion yr Oesoedd Canol, onid y mynaich? Tybed
felly nad fel y mynach o sglaig, fel yn ei daith i Benmon

yng nghwmni W. J. Gruffydd, y gwelai T. Gwynn Jones ei hun hefyd?

Ond beth a wnâi'r ysgolhaig â'i ddeunydd, felly? Ai ei atgynhyrchu'n ffyddlon, anthropolegol wyddonol gywir? Ni fodlonodd T. Gwynn Jones ar hynny, o ran ei ffurfiau na'i ddeunydd. Os cytunwn â Derec Llwyd Morgan mai 'yn yr hen chwedlau Cymreig a Cheltaidd y cafodd [Jones] afael ar y cymeriadau a allai wneud cyfiawnder â mawredd ei themâu ac urddas ei ieithwedd' (1972: 29), gallwn faentumio hefyd iddo blygu a datblygu'r chwedlau, y cymeriadau a'r ieithwedd at ei ddibenion ei hun yn ystod ei yrfa. Yn ei ragair i'r *Caniadau*, honnodd T. Gwynn Jones ei hun mai 'brithluniau dychymyg y canrifoedd' oedd deunydd ei gerddi. Hynny yw, maent fel y sylwodd Jerry Hunter yn fyfyrdodau ar 'y darlun o gymdeithas ddrylliedig', sydd 'ar yr un pryd yn tynnu sylw at y ffaith mai drylliedig yw hanes Cymru' (1997: 49).

Yn y pen draw, fodd bynnag, pwysicach na dim i T. Gwynn Jones oedd ailadeiladu rhywbeth newydd o'r drylliau a'r adfeilion hyn. Efallai mai yn 'Tír na nÓg' y gwelir y gred hon ar ei chroywaf, lle canolbwyntir ar y seiri y mae Osian yn eu canfod yno, yn ceisio ailadeiladu hen neuadd a fu'n 'gartre'r gân' unwaith. Y mae ymgeisiau'r seiri newydd, cyfoes i ailadeiladu'r neuadd yn fethiant truenus oherwydd nad oes ganddynt adnabyddiaeth ddigonol o'r adeilad yn ei ogoniant. Y mae i'r enw 'seiri' arwyddocâd arbennig yma, wrth gwrs, oherwydd

y modd y cawsai beirdd Cymreig eu cyffelybu i seiri
yn trin coed a gwiail. Gellir olrhain y gymhariaeth yn
ôl o leiaf cyn belled â Dafydd ap Gwilym ei hun, a dyna'r
ddelwedd sydd hefyd wrth wraidd yr enw ar y gyfres
newydd hon o eiddo Cyhoeddiadau Barddas, 'Seiri'r
Canrifoedd'. Wrth gymharu felly, awgrymir bod y bardd
yn gymaint crefftwr â'r saer bob tamaid, a bod ei ofal
a'i sylw i'w eiriau yr un â gofal y saer dros bob cainc.
Yn 'Tír na nÓg', fodd bynnag, gwyliwn Osian, a chanddo
ddealltwriaeth yr ysgolhaig o'r gorffennol, yn gwylio'r
seiri ac yn gresynu nad da eu gwaith. Er iddynt hwythau
ddatgan y 'mynnwn ni eu meini'n ôl / I gaer ein tadau
gwrol, / Fel yn nydd y gelfydd gân / Felysaf eiliai Osian',
galaru wna yntau am ei gydymdeithion. Gwylia Osian
hwynt yn methu'n y fath fodd am ychydig, cyn eu cyfarch
a mynnu ceisio ailgodi'r neuadd ei hun: ond yn yr
ymdrech, disgynna oddi ar ei geffyl a marw. Cawn
adlais eto felly o'r hyn yr oedd John Rowlands mor
hallt ei feirniadaeth ohono ynghynt: rhaid ymdrechu
i adfywio, neu farw yn yr ymdrech.

Crefft T. Gwynn Jones

Crisielir yr hyn a ysbrydolodd T. Gwynn Jones i arbrofi
â'r gynghanedd mewn llythyr ganddo at Iorwerth Peate
yn 1928:

> Nid yn gymaint am ei bod yn draddodiad yr wyf
> i yn hoffi Cynghanedd, ond am ei bod mewn rhai
> amgylchiadau mor anhepgor ag yw cân ederyn neu

dwf cainc ar bren. Eto, nid wyf yn malio gronyn
am y Mesurau Caethion gan mwyaf, ac nid wyf, fel
y mae Syr J.M.J. am gadw Cynghanedd fel yr oedd
ganrifoedd yn ôl heb ddatblygu dim arni. Yr wyf
yn deall yn burion hefyd nad offeryn at bob
pwrpas yw Cynghanedd.

Roedd o'r farn bod y ffurf statig, ddigyfnewid yn deillio
o ddiwylliant marw a fu dan ormes am gyfnod rhy faith.
Ond trwy ddatblygu ac arbrofi, gellid dangos nad marw
eto ydoedd – ac y gellid ei haddasu a'i defnyddio drachefn.
Aeth ymlaen i ddisgrifio'n fwy manwl yr effaith a gafodd
y diffyg twf hwn ar y gynghanedd (Jones 1925: vi):

> Darganfu'n tadau fod cynghanedd yn elfen yn yr iaith
> na ddichon celfyddyd mydr mo'i hesgeuluso, ond
> wrth ei safoni a'i chaethiwo, ataliasant gyfle twf, ac
> aethant i rifo sillafau, yn lle'r acennau pwys, fel mesur
> hyd llinell. Canlyniad hynny fu beri unffurfiaeth ac
> ystagio, ac ysgar rhwng yr iaith lenyddol a rhediad
> naturiol brawddegiad yr iaith lafar [...] Aeth yr odl
> hefyd yn sicr yn faich ar fydr Cymraeg.

Er meistrolaeth T. Gwynn Jones ar y gynghanedd,
yr awgrym a geir yn rhai o'i ysgrifau a'i lythyrau, felly,
yw y tybiai fod glynu at y gynghanedd a'i mesurau yn
slafaidd yn gallu bod yn ormesol. Ei farn am farddoniaeth
y degawdau cyn iddo ddechrau ysgrifennu oedd mai
'Traethodau duwinyddol [*sic*] wedi eu cynghaneddu
ydyw'r rhan fwyaf o'n hawdlau diweddar, ac athroniaeth
foel ar gân ydyw lliaws mawr o'r pryddestau' (1892b:
13). Gellir dweud, felly, ei fod yn gwbl ymwybodol fod

torri oddi wrth y rhain yn golygu nid yn unig droi oddi wrth eu deunydd a'u hymdriniaeth ohono, ond oddi wrth eu mydryddiaeth hefyd.

Wrth edrych â llygad newydd ar y canu caeth, gallodd T. Gwynn Jones ddewis a dethol yr hyn a ystyriai'n allweddol – sef y gynghanedd ei hun – a diosg elfennau eraill nad oeddynt mor hanfodol, megis odl, a phatrymau penillion y pedwar mesur ar hugain traddodiadol. Gwelir elfennau o'r argyhoeddiad hwn, ar sail myfyrio hir, yn 'Madog'. Yn y gerdd honno, tynnir ffurf yr englyn unodl union oddi wrth ei gilydd, gan wneud i ffwrdd â'r odl, a chyflwyno'r draws fantach, y gyfatebiaeth wannaf, ond odid, o'r holl gynganeddion, yn gyson. Try'r pedair llinell draddodiadol yn ddwy, a gosodir rhythm cyson yr *hexameter* clasurol ar yr englyn. Yr un modd mewn cerddi diweddarach fel 'Gwlad Hud' sy'n arbrofi â'r rhupunt. Yn ôl Stephen J. Williams, y cyfnod rhwng 1910 ac 1926 – y cyfnod yn dilyn yn union ar ôl cadeirio T. Gwynn Jones am 'Gwlad y Bryniau', felly – oedd 'cyfnod pwysicaf ei arbrofion mydryddol' (1982: 280). Yn wir, tua diwedd y cyfnod hwn y cawn ei ddatganiad mwyaf manwl o'i gred ynghylch cyflwr y canu caeth. Yn ei ragair i argraffiad Gwasg Gregynog o *Ddetholiad o Ganiadau* (Jones 1926: vi) aeth ati i osod ei stondin:

> Barnu yr wyf i, bellach, mai goreu po symlaf y bydd peth, o ran geirfa a chystrawen. Credaf hefyd fod lle i ddatblygu eto ar egwyddor mydr a chynghanedd

> yn Gymraeg [...] Disgyn y datblygu hwnnw i'n rhan
> ni, cyhyd ag y prydyddom yn Gymraeg, am ddarfod
> atal twf crefft y meistriaid gynt drwy ladd diwylliant
> cartref yn ein plith gan rym trech na'r eiddom.

Canlyniad hyn, yn achos T. Gwynn Jones, oedd 'dyfnhau ei gred nad oedd cyfraniad y gynghanedd i'r estheteg Gymraeg yn dibynnu ar ei pherthynas â'r mesurau traddodiadol' (Williams 1982: 280). Diosg a symleiddio i gyfeiriad yr iaith lafar oedd ei nod, ac yn wir, erbyn ei gyfnod olaf a cherddi 'Rhufawn', fe'i gwelwn yn diosg y mesurau'n llwyr ac yn troi at *vers libre* a *vers libre* cynganeddol.

Casgliad

Yn wir, y mae i holl yrfa T. Gwynn Jones wrth iddi ddatblygu ymdeimlad cynyddol, ar un wedd, o ryddid ac o ryddhad. Dim ond hanner y gwir a ddywedodd Derec Llwyd Morgan pan alwodd T. Gwynn Jones, gan efelychu geiriau Waldo, yn fardd 'y chwerwder pur' (1966), er mai adwaith dealladwy oedd hyn i'r amryw ddeongliadau ohono fel 'prydydd melysgerdd' (1966: 201). Yn nrylliedigaeth ei draddodiad y cafodd gyfle hefyd i ddangos bod y traddodiad hwnnw eto'n fyw, a bod modd ei ddefnyddio drachefn. Fe'n hatgoffir yma o ddatganiad T. Gwynn Jones ei hun wrth '[b]wy bynnag a ryfygo ganu ar ryw hen chwedl a adroddwyd eisoes' y '[d]ylai fod ganddo ryw ystyr newydd i'w rhoi ar yr hen ystori neu ffordd newydd o'i hadrodd' (Jones 1924: 62).

A dyna a wnaeth T. Gwynn ei hun yntau. Fel Arthur, dianc i ddod yn ôl yr oedd. Chwiliai am harddwch a melyster, ond dychwelai wastad i wynebu'r presennol a'i gwestiynu a'i herio, fel y gwnâi Madog cyn ei dranc. Âi'n ei ôl hefyd, fel Osian, i ddod o hyd i hen ddrylliau'r gorffennol, hen lenyddiaeth a chwedloniaeth a thrysorau, a'u defnyddio fel seiliau a blociau newydd i ailadeiladu ac ailddyfeisio, er druted y pris. Fel Anatiomaros, 'Newydd a hen' yw'r 'gyfannedd honno' a greodd, ac i T. Gwynn hefyd 'Mwyn dychwelyd a myned i'w chwilio' gan mai 'Dymuniad gŵr ydyw mynd ac aros'; oherwydd, o wneud hynny 'bydd hen yn newydd'. Efallai mai fel y bardd yn 'Argoed' y gellid synio orau amdano: 'Hwnnw a ganodd ei hen ogoniant, / A drodd hanesion dewredd hen oesau, / Geiriau y doethion a'r gwŷr da hwythau, / A dirgel foddau eu mydr gelfyddyd, / Yn newydd gân a gynyddai ogoniant / Ei wlad a'i hanes, a chlod ei heniaith'. 'Newydd gân a luniodd i'w genedl' o adfeilion yr hyn a ganfu o'i amgylch, ac am hynny y mae'n rhaid i R. M. Jones addef, yn y pen draw, wedi pwyso a mesur ac ailystyried: 'gwae ni, ydyw, y mae'n fardd myrddiynog – gwae ni, ydyw, y mae ef yn aruthr' (1971: 57).

Nodyn golygyddol

Dan wynebu anferthedd corff T. Gwynn Jones o waith, bu'n rhaid gosod rhai ffiniau a therfynau wrth fynd ati i ddewis a dethol cerddi at y casgliad hwn. Nid wyf wedi cynnwys unrhyw gerddi o blith y *juvenilia* na *Dyddiau y Parch. Richard Owen*, a gyhoeddodd ar y cyd â Gwilym Meredydd yn 1891. I'r neilltu, hefyd, y bu'n rhaid gosod ei gyfieithiadau niferus o ieithoedd eraill, yn ogystal â'r holl eiriau i amrywiol ganeuon a gyfansoddodd yn ystod ei yrfa (eithriadau anrhydeddus yw 'Tír na nÓg', a gynhwyswyd yn *Caniadau* ac a alwyd ganddo yn 'awdl at beroriaeth', a 'Chân y Medd', a osodwyd i gerddoriaeth rai blynyddoedd yn ddiweddarach gan Dafydd Iwan). Rhwng y cyfieithiadau a'r cerddi, mae digonedd o ddeunydd ar gyfer sawl cyfrol arall, a gobeithio'n wir y gwelant olau dydd ar ryw ffurf rywbryd. Amcan pwysig arall, yn fy nhyb i, oedd ceisio canfod rhyw fath o gydbwysedd rhwng gweithiau cynnar a rhai diweddarach, rhwng cerddi byrion a hirion, a hefyd roi rhyw flas o'r amrywiaeth syfrdan yn ei waith, nid yn unig o ran testunau ond o ran llais, arddull ac ymagwedd yn ogystal. Ceir yma felly arlliw o'r melyster rhamantaidd a'r chwerwder modern, y dychan chwareus a'r hiraeth dwys. Dymunwn roi bywyd newydd i ambell gerdd fwy annisgwyl a llai cyfarwydd, ond ni fyddai'r un detholiad o waith T. Gwynn Jones yn gyflawn chwaith heb yr hen ffefrynnau (sydd efallai, er hynny, bellach yn ddieithr i nifer fawr o ddarllenwyr): 'Rhos y Pererinion', 'Ystrad Fflur', a'r cerddi 'mawrion', Celtaidd a rhamantaidd fel 'Ymadawiad Arthur', 'Madog', 'Anatiomaros', 'Argoed', a 'Cynddilig'. Buaswn hefyd wedi dymuno gallu cynnwys cerddi fel 'Gwlad y Bryniau' a 'Broseliáwnd', ond rhaid oedd ymatal yn rhywle. Efallai fod rhai cerddi a llinellau eraill yn gyfarwydd o hyd, ond nad yw pobl yn ymwybodol mai T. Gwynn Jones a'u piau: rwy'n meddwl eto yma am 'Gân y Medd', neu am gwpled fel 'a feddo gof a fydd gaeth, / cyfaredd cof yw hiraeth' ('Tír na nÓg'). Gan fy mod wedi sôn uchod hefyd am 'ddau lwybr' T. Gwynn Jones, roeddwn yn awyddus i gynnwys cerddi a nodweddai'r ddau hynny, a rhagor – cerddi fel 'Senghenydd', 'Am Ennyd', a 'Pro Patria!'.

Fel y soniais eisoes, mae rhywun yn ymwybodol bellach y gall fod nifer o'r geiriau a'r ffurfiau a ddefnyddiai T. Gwynn Jones, yn enwedig wrth ddringo i dir ieithwedd aruchel yr Oesoedd Canol, ychydig yn aneglur ac annealladwy i ddarllenwyr modern. Ceisiais ychwanegu nodiadau i egluro rhai geiriau heriol, ond rhag ymatal rhag gwneud hynny'n rhy aml gan ofn i'r gyfrol fynd yn drymlwythog o droednodiadau ac amharu ar lif a mwynhad y darllen. Yn yr un modd, detholwyd darnau byrrach o'r cerddi meithion (gan nodi'r darnau â hepgorwyd ag arwyddion serennig). Ceir nodyn cefndirol ar ddiwedd y casgliad i esbonio rhywfaint ar gefndir a naratif y cerddi hyn, gan nodi ymhle y mae'r darnau a atgynhyrchwyd yn ffitio.

I raddau helaeth, cadwyd at orgraff y cerddi fel y'u cyhoeddwyd; gan fod cryn fwlch o amser rhwng ei gyfrol gyntaf a'r olaf, a bod orgraff yr iaith wedi datblygu a sefydlogi ryw gymaint yn ystod y cyfnod hwnnw, gall fod anghysondeb rhwng dwy gerdd a'i gilydd. Ar rai adegau pan oedd yr orgraff wreiddiol yn peri amwysedd neu anhawster, mentrwyd gwneud ambell fân newid, ond ymataliwyd ar y cyfan.

    Yn aml, ceir sawl fersiwn o'r un gerdd hefyd oherwydd i T. Gwynn Jones ailymweld â'r cerddi ar wahanol adegau ac addasu rhwng cyhoeddi; diwygiwyd 'Ymadawiad Arthur', ar ôl ei chyhoeddi'n wreiddiol yn 1903, ar gyfer *Ymadawiad Arthur a Chaniadau Ereill* yn 1910, er enghraifft, a'i haddasu a'i moderneiddio drachefn erbyn *Detholiad o Ganiadau* Gregynog yn 1926. Felly hefyd nifer o gerddi eraill yn *Ymadawiad Arthur a Chaniadau Ereill* a addaswyd ar gyfer y *Caniadau* diweddarach. Ym mhob achos, dewisais gadw at y fersiwn mwyaf diweddar sydd ar glawr, yn y gred mai dyna oedd agosaf at ddymuniad 'terfynol' T. Gwynn Jones a chan dybio hefyd, o fod wedi cael eu moderneiddio ryw gymaint, y byddant yn fwy dealladwy i'r darllenydd cyfoes. O fod wedi gwneud hynny, dewisais gyflwyno'r cerddi mewn trefn gronolegol, yn fras, o'r cynharaf i'r diweddaraf – gan roi'r flwyddyn neu'r dyddiad pan fo'r bardd wedi'i nodi. Gwneuthum hynny er mwyn ceisio cyfleu rhywfaint o deithi a datblygiad gyrfa faith T. Gwynn Jones o ran themâu, syniadaeth, crefft ac ieithwedd, a hefyd gan fod eu cyflwyno felly yn cynnig amrywiaeth naturiol o ran thema a thôn o gerdd i gerdd.

CERDDI

In Memoriam
T. E. Ellis

Fab cartre hud traddodiad hen, a swyn
    Y fore gân a aned cyn bod co',
Roedd d'enaid araul* ynddo'i hun yn dwyn
    Cyfaredd bywyd oesau Celtig fro;
    Rhoist drwy ffurfafen heddyw lachar dro,
Gorchfygaist fawredd â'th hynawsedd mwyn,
Rhoist newydd lais i hen, wylofus gŵyn,
    A'r hen, hen dân i obaith newydd do, –
    O! pam diangodd d'yspryd dewr ar ffo?
Ffo! Nid adwaenai** ffoi! O bant i dwyn
    Yn egni byw trig fyth ei effaith o,
Can's yspryd cenedl oedd nad edwyn*** ffrwyn!
    O wreiddiau calon Cymru terddaist ti,
    Rhychwennaist**** eithaf rhawd ei bywyd hi.

---

*   'disglair', 'gwych'.
** Hynny yw, 'nid oedd yn adnabod'.
*** Yr un ferf sydd yma eto, sef 'adnabod'.
**** 'ymestyn ar draws', 'cwmpasu'.

Beth?

Ynghanol y grug ar y mynydd maith
Gorweddais i lawr, a'm llygaid yn llaith.

Meddyliais glywed murmur y don
Yn galw, a deffro rhyw boen yn fy mron.

Ar draeth y môr yn murmur y lli,
Gorweddais, a gwên ar fy ngwyneb i.

Meddyliais weled y grug bach llon
Yn galw, a deffro'r boen yn fy mron.

Ar hwyrnos auaf* wrth dân o fawn,
Gorweddais, a'm llygaid o gwsg yn llawn.

Breuddwydiais weld haf ar y grug a'r don
Yn galw, a deffro'r boen yn fy mron.

Ynghanol tlodi, angen, ac aeth,**
Y dagrau'n llif i fy llygaid a ddaeth.

Tybiais weld golud a mwyniant llon
Yn galw, a deffro'r boen yn fy mron.

Yng nghanol dedwyddyd, golud, a bri,
Llawenydd a lanwodd fy llygaid i.

Ond teimlwn ryw awch nas diwallai'r*** byd
Yn galw, a deffro'r hen boen o hyd –
Y boen yn fy mron, o hyd, o hyd.

*   'gaeaf'.
**   'poen', 'gofid', 'galar' neu 'dristwch'.
*** Ystyr 'diwallu' yw 'bodloni', 'digoni'.

Y Gân a Fu

Gynt, gwelais gwcw gu
    Delore* fore o Fai,
A daeth y deryn du
    I wrando'i deunod chwai.**

Fe ganai'r gwcw gu
    Bob bore wedi hyn,
A daeth y deryn du
    Dan swyn i wrando'n syn.

Ac felly'r gwcw gu
    Bob bore bynciai'n*** fwyn,
A deuai'r deryn du
    Bob dydd o'i lonydd lwyn.

---

*   Hynny yw, 'a delorai', sef 'canu' neu 'drydar'.
** 'cyflym', 'bywiog'.
*** 'canu'.

Ond ffoes y gwcw gu
 Cyn pen Mehefin fwyn,
Gan ado'r[*] deryn du
 Mor unig yn ei lwyn.

Myfinnau fuais fel
 Y buo'r deryn du
Yn gwrando ar gwcw ddel –
 Fu nemor[**] gân mor gu.

Ond buan delai'r awr
 I golli'r gwcw gu,
A finnau wyf yn awr
 'Run dôn â'r deryn du.

---

[*] 'gadael'.
[**] 'fawr ddim'; hynny yw, prin y bu unrhyw gân arall mor gu.

I'm Merch Fach yn Flwydd Oed

Angyles fach wen!
Deuddeg o fisoedd aeth dros dy ben,
Blwyddyn heb ynddi ofid na chroes,
Ac eto, pwy draetha dy oes?
Weithion,* ni cherddaist gam,
Ac eto, ti deithiaist hyd
Y cyrraedd eneidiau mam a thad;
Ychwaith, namyn 'Dad' a 'Mam',
Nis d'wedaist ti fawr ddim byd,
Eto, pa iaith o'i chyflawnder all
Draethu a draethaist ti?
Mud yw holl ieithoedd y byd i mi
Wrth a gynnwys gair,
Nad yw ei lythrennau onid tair,
Dros dy wefus fach a ddaw,
A threm dy lygad a thro dy law!
Chwardd neu wyla,
Y sain anwyla'
Yw'th lais a dorrodd ar glyw erioed;
Dysgaist im' fwy nag a ddysgodd oed
Cans cannwyll fy llygad wyt ti,
A chalon fy nghalon wyt ti!

---

* 'yn awr', 'ar hyn o bryd'.

Ymadawiad Arthur
(*detholiad*)

Goruwch cymloedd groch Camlan,
Lle'r oedd deufur dur yn dân,
Daeth cri o'r adwythig rawd,
Llaes ymadrodd – 'Llas[*] Medrawd!'

Moedrodd y gri dorf Medrawd
Oni throes yn eitha'i rhawd
Rhag newydd nwy deufwy dur
A rhyferthwy torf Arthur.

Ac ymlid o faes Camlan
Yn daer fu, nes mynd o'r fan
I'r helynt ar eu holau
Mewn nwyd erch,[**] bawb namyn dau.

Yno, fel duw celanedd,
A'i bwys ar garn glwys ei gledd,
Y naill oedd, a'r llall gerllaw
A golwg syn yn gwyliaw.

'Arglwydd,' eb hwnnw, 'erglyw,[***]
Ymaros, diachos yw;
Ateb, beth a fu iti,
Onid tost dy annod ti!'

---

[*]   Sef 'lladdwyd'.
[**] 'erchyll', 'dychrynllyd'.
[***] 'gwranda'.

'Briw, Fedwyr,' ebr ef, 'ydwyf,
Angau a lysg yn fy nghlwyf.'

'Nid oedd,' ebr yntau, 'na dur
Na nerth a wanhâi Arthur!'

'Olaf oll o'm clwyfau yw,
Brath Rhaid,' eb Arthur, 'ydyw!
A minnau, o chymynais
Gan glew am bob gwân neu glais,[*]
Diwedd oedd y dydd heddiw,
A gair Rhaid, anesgor yw!
Dwg fi hwnt!'
         'Di gei, fy iôr,
Drigo,' eb Bedwyr, 'ragor
Yn dy wlad, am nas deil hi,
O thrydd Arthur oddi wrthi!'[**]

◆ ◆ ◆

---

[*] 'os lleddais gant o ymladdwyr am bob anaf neu glwyf'.
[**] Hynny yw, 'gan na all hi ddal/sefyll os yw Arthur yn troi oddi wrthi'.

Yngo'r oedd lannerch rhwng iraidd lwyni,
   A llen dêr* wastad o feillion drosti,
       Mor wyn â'r ôd wrth odi o'r wybren,
Neu lwybrau Olwen, neu li briw heli.

◆

'Rhyw wyrth nid oes,' ebr Arthur,
'Ynddi i'm codi o'm cur;
O'r drum, o bwri dremyn,**
Di weli draw is law, lyn
Gwrm, hir, a chreigiau'r marian
Yn crychu'i lif. Cyrch y lan,
A chlud Galedfwlch lydan
Gennyd – y mau*** gleddau glân! –
Hyd i lechwedd dal ucho,
Ac o'r graig a rwyg y ro,
Heb dy atal bid iti
Fwrw y llafn i ferw y lli;
Mynn, o ben y man y bych,
Iawn wylio'r hyn a welych,
Hyd y bydd, ac wedi bo
Dyred yn ôl heb dario.'

◆

*   'teg', 'hardd'.
**   'os edrychi', 'os cymeri olwg'.
***   Rhagenw meddiannol: 'yn perthyn i mi'.

'Diau, ag awch brwd ei gur
Y dinerthwyd dawn Arthur,
Onid e ni adai hyn
O rysedd,* oedd ddi-resyn!
Diogel mi a'i celaf
Ef, a gweld a fo a gaf.'

O chwalu'r cawn a chwilio
Y grug a drain y graig, dro,
Yno'n isel ymgelu
Fe gafodd ef ogof ddu.

Dychwelodd, edrychodd dro –
Anadl ni chlywai yno,
Ond dŵr a'i dwrdd yn taro
Ar y graig, a'i su drwy'r gro.

Draw e droes; drwy y drysi
Aeth â'r arf; a llathrai hi
Ogylch; yng ngwyll yr agen
Ni phylai mwy na fflam wen.

Ac i'r ddu hollt gyrrodd hi,
A swrn o ddeilos** arni;
Gofalu ar gelu'r gwaith,
Gwrando, tremio, troi ymaith.

---

*   'gwychder'; hynny yw, pe bai Arthur yn ei iawn bwyll, ni fynnai adael arf cyn wyched â Chaledfwlch ar ôl.
** 'dail bychain'.

A phan ddaeth at y ffynnon
A'i gro brith, nesáu ger bron
Y Brenin a phenlino
A rhoi'r gair a orug o.*

Ebr, yna, yntau'r Brenin,
A geiriau bloesg o'i gur blin:
'Ateb, a ddarfu iti
Fwrw y llafn i ferw y lli?'
'O'r daith,' eb Bedwyr, 'deuthum,
Tremio o ben y trum y bûm.'

Eb Arthur: 'Wedi aberthu
Y glaif** hen, ba goel a fu?'

'Hyd y gwn, bid wiw gennyd,
Iôr,' eb ef, 'dim un o'r byd.'

'Rhith ar air,' eb Arthur, 'yw
Hyn, Bedwyr – geudeb*** ydyw!
A dorri'n awr, di, er neb,
Lendid yr hen ffyddlondeb?
Bedwyr, dychwel heb oedi,
A'r llafn, bwrw dithau i'r lli!'

◆

---

*   'a wnaeth o'.
**   Sef 'cleddyf' yma.
*** 'celwydd', 'anwiredd'.

Cododd Bedwyr ac wedyn,
Dringodd a safodd yn syn
Ar ymyl creigiog rimyn
Yn y llethr uwch ben y llyn.

Ebr efô: 'Ba arwaf awr!
Yn iach, Galedfwlch glodfawr,
O, ferthaf cleddyf Arthur,
A fu deyrn y gleifiau dur,
Rhag dwyn barn am hyn arnom,
Trefned Rhaid, terfyned rhôm –
O daw gwall am dy golli,
Adfered ef o'r dwfr di!'

Roedd ei gawraidd gyhyrau
A'u hegni hwynt yn gwanhau,
A'r meddwl hir, meddalhâi
Ewyllys gynt na allai
Na thrinoedd na thrueni
Na gwae tost ei hysgwyd hi;
Ond ar unnaid er hynny,
Chwyfiodd ei fraich ufudd fry,
A'r arf drosto drithro a drodd
Heb aros, ac fe'i bwriodd
Onid oedd fel darn o dân
Yn y nwyfre yn hofran;

Fel modrwy, trwy'r gwagle trodd
Ennyd, a syth ddisgynnodd,
Fel mellten glaer ysblennydd,
A welwo deg wawl y dydd.

Ond, â'r llafn ar fynd i'r lli,
Brychodd y dwfr, a brochi;
Ar hyn o'r llyn cododd llaw
Gadarn, gan fedrus gydiaw
Yn ei ddwrn, ac yno'i ddal
Yn groes o dân a grisial;
Yna, a'r haul ar ei hyd,
Â deheurwydd drud wryd,
Codi'r cleddyf a'i chwyfio,
Gwaniad a thrychiad dri thro;
Ac yn droch gnwd o wreichion
Y tynnwyd ef tan y don,
A'i waniad yn tywynnu
Yn neidr dân i'r dyfnder du.

Ebr un o'r glân rianedd:*
'Arthur byth ni syrth i'r bedd,
A doethed ef, Dithau, dos,
Bydd ŵr a gwybydd aros!'

Bedwyr, yn drist a distaw,
Wylodd, ac edrychodd draw.

Yno, ag ef yn ei gur,
Y syrthiodd neges Arthur
Ar ei glyw: 'Bydd ddewr a glân,
Baidd** ddioddef, bydd ddiddan!
Mi weithion i hinon ha
Afallon af i wella,
Ond i'm bro dof eto'n ôl,
Hi ddygaf yn fuddugol
Wedi dêl ei hoed, a dydd
Ei bri ym mysg y bröydd;
Hithau, er dan glwyfau'n glaf,
Am ei hanes, ym mhennaf
Tafodau byd, dyfyd beirdd,
Pêr hefyd y cân prifeirdd;
Pob newid, bid fel y bo,
Cyn hir e dreiddir drwyddo;

---

*   'morynion', 'merched'.
** 'mentra', 'meiddia'.

Â o gof ein moes i gyd,
A'n gwir, anghofir hefyd;
Ar ein gwlad daw brad a'i bri
Dan elyn dry'n drueni;
Difonedd fyd a fynnir,
A gwaeth – tost gaethiwed hir;
Ond o'r boen, yn ôl daw'r byd
I weiddi am ddedwyddyd,
A daw'n ôl, yn ôl o hyd
I sanctaidd Oes Ieuenctyd;
A daw Y Dydd o'r diwedd,
A chân fy nghloch, yn fy nghledd
Gafaelaf, dygaf eilwaith
Glod yn ôl i'n gwlad a'n iaith.'

Hwyliodd y bad, a gadaw
Bedwyr mewn syn dremyn,[*] draw.

◆

---

[*] 'golwg syn', 'yn syllu'n syn'.

'Draw dros y don mae bro dirion nad ery[*]
Cwyn yn ei thir, ac yno ni thery
Na haint na henaint fyth mo'r rhai hynny
A ddêl i'w phur, rydd awel, a phery
Pob calon yn hon yn heiny a llon,
Ynys Afallon ei hun sy felly.

Yn y fro ddedwydd mae hen freuddwydion
A fu'n esmwytho ofn oesau meithion;
Byw yno byth mae pob hen obeithion,
Yno, mae cynnydd uchel amcanion;
Ni ddaw fyth i ddeifio hon golli ffydd,
Na thro cywilydd, na thorri calon.

Yno, mae tân pob awen a gano,
Grym, hyder, awch pob gŵr a ymdrecho;
Ynni a ddwg i'r neb fynn ddiwygio,
Sylfaen yw byth i'r sawl fynn obeithio;
Ni heneiddiwn tra'n noddo – mae gwiw foes
Ag anadl einioes y genedl yno!'

---

[*] Hynny yw, ddim yn aros.

Yn y pellter, fel peraidd
Anadliad, sibrydiad braidd,
Darfu'r llais; o drofâu'r llyn
Anial, lledodd niwl llwydwyn;
Yn araf cyniweiriodd,
Ac yno'r llong dano a dodd,
A'i chelu; fel drychiolaeth,
Yn y niwl diflannu a wnaeth.

Bedwyr, yn drist a distaw,
At y drin aeth eto draw.

Penillion Pawb
(*1903*)

Y Bardd

Rhyfeddnodau,
    Ansoddeiriau,
Coed a blodau,
    A chadeiriau;
Ysnodennau[*]
    A medalau,
Cloi llythrennau
    Mewn hualau;
Llais fel taran
Grynai'r Aran,
Gwallt hir, tew,
Fel mwng llew;
Hen iaith Gomer,[**] Awen Homer,
Gwisg Herkomer[***] –
    Dyna rai o bethau'r Bardd.

---

[*] 'rhwymyn pen' neu 'rhuban'.
[**] Mab hynaf Japheth yn yr Hen Destament. Cynigiai Theophilus Evans ac eraill fod y Cymry'n ddisgynyddion iddo.
[***] Hubert von Herkomer (1849–1914), artist a gynlluniodd wisgoedd yr Orsedd.

Yr Offeiriad

    Het feddal (rhag brifo'r pen),
        Côt o liw galar tragwyddol;
    Cadach a choler wen,
        Angau pob teimlad dedwyddol;
    Credu'r peth fynno, neu fethu
        A chredu dim byd, ond rhaid
    Gofalu, pan fyddo'n pregethu,
        Am wneyd yn ol credo ei daid, –
            Dyna'r Offeiriad.

Y Pregethwr

    Gwêl, dan 'Offeiriad,'
    Yn union 'run eiriad –
        Dyna'r Pregethwr.

Y Gol.

    Y dyn eilw'i hun yn 'Ni,'
        Ŵyr bopeth o dan y lleuad
    Ac uchod, am a wn i,
        I'r diwedd, ac o'r dechreuad;
    Basced, siswrn, pot past,
        A mwrdrwr o bensil glas,
    Yn croesi milltiroedd yn wast
        A gadael rhyw linell ddi-flas;
    Gelyn naturiol pob bardd
        Ac awdwr fynn anfarwoldeb,
    Dyn sydd a'i allu i wahardd
        Yn nesaf i anfeidroldeb
            Yw'r Golygydd.

Yr Aelod Seneddol

    Gŵr yn gwas'naethu ei wlad
        Gan dalu'n ddrud am fynd i fyny,
    A diodde pob rhyw sarhad
        Gan un hanner o'r bobol at hynny;
    Agorwr basarau,[*] a hael
        Osodwr pob math ar sylfeini,
    A thalwr dirwgnach y draul
        Y sydd mewn cysylltiad a'r rheini,
            Dyna'r A.S.

---

[*] Ffeiriau neu farchnadoedd a gynhelid gan gapeli ac eglwysi, fel arfer i godi arian at elusen.

Y Morwr

    Straeon o bedwar cwrr byd,
        Iaith, os yw'n gref, y sy'n gryno;
    Nabod y sêr i gyd,
        A chastiau y gwynt, gwnaed a fynno.
           Dyna'r Morwr.

Y Glöwr

    Ma'i wyneb e'n llawn o grithe,
        A'i iaith e'n lled fras, ond taw sôn,
    Os yw e'n sychedig withe,
        Myn Jawl, ma e'n biwr yn y bôn!
           Dyna'r Glöwr.

Mab yr Ystorm[*]
(*Mehefin 1903*)

Fe lamodd y nos i'r wybrennau
    Lle gynnau'r oedd golau claer wyn;
Mae'r bryniau â niwl ar eu pennau,
    A tharth hyd waelodion y glyn;
Daw'r awel leddf hir fel uchenaid
    O galon ddofn ddistaw y coed,
A minnau, mae'r storm yn fy enaid
    Yn cofio ei hoed.

Daw ysbryd y storm i gyfarfod
    A minnau ar ganol y rhos;
Ymdorchodd y fellten a'i harfod
    Fel dydd rhwng dau eigion o nos;
A rhwygodd y daran yr entrych –
    Rhwyg, adrwyg, llam, adlam, a su –
Chwardd dithau fy enaid pan fentrych
    I ganol y rhu.

---

[*] Daliai T. Gwynn Jones gydol ei fywyd ei fod wedi ei eni ynghanol storm. Ei fam oedd wedi dweud hynny wrtho.

Mae'r gwynt yn y pellter yn rhuo,
    A'i chwiban yn gwanu fy nghlyw;
Rhag gwrthlam ei donnau, gan suo,
    Fe'm goglais y glaw fel peth byw;
Ymdonned y gwyntoedd amdanaf
    A glyned y glaw yn fy nghroen,
A dawnsiaf a chwarddaf a chanaf
    O hyder a hoen.

Y Gennad
(*1904*)

Collais fy ffordd wrth grwydro
    Ymhell o'm cynefin dir,
Collais fy ffydd wrth frwydro
    Â'r gau sydd yn cuddio'r gwir.

O waelod anobaith, llefais
    Am olau ar dynged dyn,
A'r unig ateb a gefais
    Oedd atsain fy llef fy hun.

Dywedais yn flin nad ydoedd
    Bywyd yn werth ei fyw,
Mai damwain oedd bod a bydoedd,
    Mai breuddwyd dyn ydoedd Duw.

Chwerddais rhag gorfod wylo
    Am nad oedd un dim ond nacâd;
Teimlais law fach i'm anwylo,
    A llais bach yn galw 'Fy Nhad!'

Gwelais ryw wawr o'r hyn ydoedd
    Mor wir yn fy more iach –
Os mud ydyw'r nef a'r bydoedd,
    Mae Duw ym mhob plentyn bach.

Cymru Fo Am Byth

'Cymru fo am byth,' ebe gŵr yr hugan wen,
Ebe gŵr y *bragou braz*:* 'Breiz da virviken!'
'Mannin veg villish veen,' ebe gŵr y teircoes bach;**
Ebe gŵr y *shillellagh*:*** 'Glas-Eire go brath!'
'Suas leis a' Ghaidhlig,' medd y gŵr â'r gwta bais;****
'Hwrê!' ebe yr oll yn un llais;
'What the deuce does it mean?' ebe'r baril bir o Sais.

---

*   Yr enw ar drowsus traddodiadol gwisg Lydewig.
**   Y rhain sydd ar faner Ynys Manaw ar ffurf *triskelion* neu *ny tree cassyn*.
***   Ffon gerdded draddodiadol Wyddelig y gellir ei defnyddio hefyd fel math ar arf.
**** Hynny yw, pais fer, sef y cilt.

Tunis
(*1905*)

Bwlch rhwng y tai ar gornel heol hir
Yn fframio llonydd lain o awyr las –
Rhyw las diniwed, megis llygaid plant –
A chromen mosc, fel noe* a'i phen i lawr,
A'r meindwr megis saeth, a golau dydd
Yn torri'n gawod wreichion am ei blaen;
A thair o balmwydd ir a'u dail ar ŵyr,
Yn huno yno yn yr heulwen aur,
Fel pe bai amser wedi colli brys
A bywyd yn bodloni ar hamdden Bod ...
A minnau yn ymadael, megis un
A wypo nad yw symud onid siom,
Gan ado yno ran ohono'i hun
I fod heb fudo yn yr heulwen glaer.
(A groeso** fôr, ni newid onid aer.)

---

* 'dysgl' neu 'bowlen fas'.
** Hynny yw, nid 'croeso' fel 'croesawu' ond 'croesi'.

Cairo

(*1905*)

I
Adfeilion mosc ar ymyl yr ystryd
Fel pe baent wedi crino yn yr haul
Nes bod y meini'n llawn o dyllau mân,
Fel ambell grwybrog* faen ar lan y môr,
Neu lun ymylau pannwl** mynydd llosg
A dynno'r camra o lygad telescop
Pan ddalio hwnnw lun y lleuad farw.

Merched mygydog hen wrth droed y mur,
Neu ar y meini a fu risiau gynt –
A'r cochni drwy yr alabaster pŵl
Fel gwythi gwaed tan groen gwywedig gnawd –
Yn eistedd yn yr haul, o ddydd i ddydd,
Mor llonydd ac mor fud â'r Sphinx ei hun.

Pan yrro golud y Gorllewin gwyllt
Yn ei gerbydau drud a'i esgus gwisgoedd,
I geisio rhywbeth i ddifyrru'r amser –
Cynysgaeth na bydd ddiddig ond a'i gwario –

---

*   Hynny yw, ar siâp neu ffurf diliau mêl.
** 'pant' neu 'geudod'; y twll ynghanol llosgfynydd, yn yr achos hwn.

Ni thry un pen, ni chyfyd amrant llygad
Ymhlith hamddenol ferched haul a thywod
I weld anesmwyth nwyd y blinedigion
Yn chwyddo gwefus ac yn brydio* bronnau
O dan y mwslin main a'r sidan tenau
Wrth geisio meddiant Bod ym meddwaint** Bodd.

II
Pan ddisgyn llef y Muezzin o'r meindwr
A'r haul yn machlud, troi o'r ffyddlon yntau
A'i wyneb tua'r dwyrain ac ymgrymu
A'i dalcen ar y ddaear. Iawn yw hynny.
Dir*** nad oes dduw ond duw, a Gwawl yw hwnnw.

Pan ddiffydd lampau ofer brys Gorllewin,
Daw gwawr o ofer ffynnon bryd y Dwyrain.

---

*   'twymo', 'poethi'.
**   'medd-dod'.
*** 'sicr', 'gwir', 'gwironeddol'.

Gwlad y Tylwyth Teg
(*Cairo, 1906*)

Clywais sôn gan un a'm carai,
    Ddyddiau gloywon
        Ieuanc oed,
Fod y Tylwyth Teg yn chwarae,
    Dawnsio'n hoywon
        Dan y coed.

Chwiliais hyd y dolau ganwaith,
    Dan ganghennau
        Derw y fro,
Gwelais hwy yn dawnsio'n lanwaith
    Fân ddolennau
        Lawer tro.

Lawer noswaith, hir ddisgwyliais
    Lle'r ymlonnynt
        Wedi hyn,
Ond ni welais, er a wyliais,
    Un ohonynt
        Yn y glyn.

Eto mynnaf, er a fynno
    Oes ddi-awen
        Dan ei rheg,
Ddychwel adref a chael yno
    Ieuanc lawen
        Dylwyth Teg!

Y Dysgawdr

(*er cof am Emrys ap Iwan*)

Pan weithiai gynt â'i ddwylaw yn yr ardd,
    Daeth ato dduwies ieuanc; ebe hi
'Ceridwen* ydwyf, rhoed it awen bardd,
    Dyred am hynny, canlyn dithau fi.'

A myned a wnaeth yntau gyda hi,
    Hyd lwybrau teg ond dyrys yn y coed,
Lle gwelai dlysion flodau fwy na rhi,
    Lle clywai y gynghanedd fwyna 'rioed.

Canlynodd hi am lawer blwyddyn wen,
    Hyd nes adnabu harddwch lliw a llun;
Oddiar ei lygad tynnodd hithau len
    Nes ydoedd mwy yn gweled Duw ei hun.

Ni chanodd ond ychydig gerddi gynt,
    Ac nid oes undyn byw a'u gwelodd hwy;
Er iddo weled llawer ar ei hynt,
    Fe wyddai fod i'w weled lawer mwy.

Ag ef ym mhlas Ceridwen, coed a chraig,
    Daeth ato dduwies arall; ebe hi,
'Gwrando, rhoed iti reddf yr ysgolhaig,
    O mynni wybod, dyred, canlyn fi.'

---

*   Cymeriad chwedlonol sy'n cael ei chysylltu â Taliesin.
    Yn ôl y chwedl, o'i phair hi y mae'r Awen yn tarddu.

Cyfodod yntau a chanlynodd hi
    Ar led y gwledydd am flynyddau maith;
Adnabu drwyddi wŷr o uchel fri,
    A dysgodd ganddi lawer estron iaith.

Fe'i gwelwyd yn ei chanlyn ar ei thaith
    Hyd feysydd enwog Groeg a Rhufain gynt,
A chlyw-wyd ef yn adrodd lawer gwaith
    Y cerddi a ddysgodd ganddi ar ei hynt.

Cynefin iddo oedd Italia werdd,
    Ac ar ei dafod, llefn oedd iaith y wlad;
O waith ei beirdd, e' fedrai lawer cerdd,
    A gwyddai am ei breuddwyd hi a'i brad.

Hoff ganddo Ffrainc feddylgar, loyw a hardd,
    Brenhines dawn a deall daear lawr;
A'r 'eang Ffrangeg,' hithau, iaith y bardd
    A'r gŵr bonheddig, carodd hi yn fawr.

Adwaenai wlad Ysbaen, lle trig o hyd
    Urddas a hamdden gwiw y Ganol Oes;
Mwyn y llefarai'r iaith sy'n cadw hud
    Hen fywyd balch a llawn o firain foes.

Hyd lannau Rhein y rhodiodd lawer gwaith,
    A hanes hen ei chestyll, gwyddai ef;
Ac nid anhysbys iddo ef ychwaith
    Oedd erwin fawredd yr Almaeneg gref.

Fe'i gwelwyd ef ar lannau afon Nil
    Yn rhodio'n araf ar ei ben ei hun,
Lle huna mud weddillion llawer mil
    O oesau medr a gwybod cynnar dyn.

Bu'n edrych ar y pyramidiau fry,
    Agwrdd* freuddwydion oesau bore'r byd,
Bu'n edrych ôl y cynion gynt a fu
    Yn tyllu El Mocattam ar ei hyd.

Bu'n gwylio Mosc Mohammed Ali draw,
    A'i chromen megys cwpan glaer o wawn**
Yn nofio'n hoew, a meindwr ar bob llaw,
    Fel pelydr aur, dan ruddgoch haul prynhawn.

Bu'n gwrando'r Muezzin, a'r haul ar ŵyr
    Tu draw i orwel pell yr anial mawr,
Yn galw y ffyddlon at ei weddi hwyr,
    A'i lais fel llef o'r nef yn syrthio i lawr.

---

*   'pwerus', 'ffyrnig'.
** Sef gwe ysgafn y pryf copyn, yn enwedig pan yw'n wyn ac yn dal golau'r haul.

Bu'n crwydro hyd heolydd Cairo bell,
    Ar derfyn dydd newynog Ramadân,
A llawer un yn codi yn ei gell
    At Allah hanner gweddi, hanner cân.

Bu'n gwrando ar y cychwyr wrth eu gwaith
    Yn rhwyfo ar yr afon lawer tro,
Tan hanner canu mewn rhyw ryfedd iaith
    Nad oes a'i llefair[*] mwyach yn y fro.

Fe welodd bererinion fwy na mwy,
    Yn cyrchu tua Mecca ar eu taith,
A theimlodd nad oedd ofer iddynt hwy
    Na dirmygadwy ganddo yntau chwaith.

Ar wyneb oer y Sphinx bu'n syllu'n hir,
    A'r deml, sydd uthr,[**] er bod yn adfail, mwy;
A wyddai'r sawl a'u cododd hwy y gwir?
    Erys y maen, pa le yr aethant hwy?

A duwies Gwybod yn ei ddwyn i'w hynt,
    Daeth ato dduwies arall; ebe hi:
'Rhoed awen wir y dysgawdr iti gynt,
    O mynni ddysgu, dyred gyda mi.'

---

[*]   Hynny yw: 'nad oes un sy'n ei llefaru'.
[**] 'brawychus', 'syfrdanol'.

A chanlyn honno wedi hyn a wnaeth,
    Dug hithau ef yn ôl i'w wlad ei hun;
Ond nid adnabu hi ei mab pan ddaeth –
    Nid oedd ei feddwl ef a hithau'n un.

Mynasai ef gael iaith ei wlad yn lân,
    A gwneud ei llên yn eang ac yn gref,
A thybiai hithau, gyda'r beirniaid mân,
    Mai mympwy ydoedd ei wybodaeth ef.

Mewn prinder a dinodedd y bu fyw,
    Heb le i wneud ei oreu ef ei hun,
Ond dysgodd ambell un i weled Duw,
    Heblaw drwy gyfing osodiadau dyn.

Fe roddwyd iddo nawdd gan ambell un
    Nad oedd ond teilwng i fod iddo'n was;
Am fynnu rhyddid yn ei wlad ei hun
    Rhoed dirmyg arno gan estroniaid bas.

Ni fagodd Cymru fab a'i carodd hi
    Yn burach nag y carodd ef, erioed,
Nag un a roisai, er ei les a'i bri,
    Yn loywach erddi y doniau iddo roed.

Ond ni rwgnachodd rhag ei druan ffawd,
    Ac nid achwynodd unwaith ar ei wlad,
Bodlonodd ar ryw gylchoedd bychain tlawd,
    A rhannodd o'i wybodaeth fawr yn rhad.

Ni byddai ar ei iaith na brych na briw,
    Bid wrth y tân, bid araith ar gyhoedd;
Hawdd gwybod wrth ei ymadroddion gwiw
    Mai gŵr o ddysg a gŵr bonheddig oedd.

Yn dawel ac yn ddiwyd, gwnaeth ei waith,
    Nes daeth ei daith ar ganol dydd i ben,
A distaw iawn y dug ei gystudd maith
    Fel un yn gweld yr achos drwy y llen.

Ni wybu'r oes mo faint ei ddoniau ef,
    Ni wybu undyn faint a wyddai chwaith,
Ond os na chlywir mwyach yma'i lef,
    Daw goleu dydd yfory ar ei waith.

Y Gwladgarwr

(*er cof am Michael Davitt*)

Yng ngwawr ei fywyd gwelodd ef
    Ei wlad yng ngafael estron drais,
A deffro wnaeth ei galon gref
    Pan glywodd ef ei thruan lais.

Dywedwyd wrtho lawer tro
    Mai gwlad ei dadau ydoedd hi,
A dysgodd draddodiadau'r fro
    Am ryddid gynt a braint a bri.

Fe glywodd am y dyddiau fu
    Pan ydoedd Finn[*] yn ben y wlad
A hanes am Cuchullin[**] a'i lu
    Yn trechu'r gelyn yn y gad.

Wrth wrando cerddi a chwedlau'r beirdd,
    Dychmygodd weld yr ynys gynt,
Ei merched fyth yn hoyw a heirdd,
    A'i harwyr eto ar eu hynt.

---

[*] Sef Fionn mac Cumhaill, cymeriad enwog o chwedloniaeth Iwerddon sy'n ymddangos yn y 'Cylch Ffenaidd'. Roedd yn aelod o lwyth y Fianna, a'i fab oedd y bardd Oisín.

[**] Cymeriad arall o chwedloniaeth Iwerddon, ac o bosibl un o'r rhai mwyaf adnabyddus. Yng Nghylch Ulster y ceir yr hanesion amdano ef, ac yn y rhain mae'n arwr ac iddo gyneddfau hanner duwiol.

Ond truan ydoedd ei hystâd,
    Heb ryddid mwy, na braint na bri,
Ac iaith brenhinoedd hen y wlad
    Yn trengi ar ei gwefus hi.

Un dydd fe'i cafodd ef ei hun
    Yn sefyll gyda'i dad a'i fam,
Ar fin y ffordd yn wael eu llun,
    A'u cartref bychan tlawd yn fflam.

Cyneuodd tân yr estron cas
    Ym mron y bychan yntau fflam,
Nad oerodd un creulondeb bas
    Ac nas diffoddodd unrhyw gam.

Drwy lafur hir a chreulon drais
    Fe losgai'r fflam yn bur o hyd,
A rhoddes i'r gwladgarwr lais
    Ac enw a aeth hyd bellter byd.

Ni fynnai ef ond rhyddid llawn,
    Ei dwyfol hawl, i'w wlad ei hun;
I'w geisio rhoddes oreu dawn
    A phuraf calon gywir dyn.

Ni chafwyd tramgwydd yn y byd
    Na rhwystr a safai rhagddo ef,
Yr oedd ei ffydd yn loyw o hyd
    A'i galon ddidwyll fyth yn gref.

Swynai a synnai lawer mil
    Â grym ei lawn ddigymar lef,
Yng nghyngor ucha'r estron hil
    Rhaid a fu wrando arno ef.

Ymlidiwyd ef o fan i fan
    A'i fwrw yng ngharchar fu ei dâl;
A newyn beunydd fu ei ran
    Dan law yr estron brwnt a sâl.

Ond carai ef ei wlad a'i llwydd,
    Ac aeth i garchar er ei mwyn;
Ni phrynwyd ef ag aur na swydd
    Fel na roi mwyach lais i'w chŵyn.

Pwy roes i dreiswyr daear hawl
    I ddodi iau ar lawer parth,
A chosb y bradwr ar y sawl
    Na fynno dderbyn cam a gwarth?

Cosbau y bradwr arno roed
    A gwawd gelynion fwy na mwy, –
Pa bryd y tyngodd ef erioed
    Lw o ffyddlondeb iddynt hwy?

Cyfododd ef ei lais yn hy
    Dros bobloedd ormesedig byd;
Y gwan, fe fyddai ar ei du,
    Nid bas na chyfing oedd ei fryd.

Ni phlygodd ef ei lin erioed
    I frenin nac offeiriad chwaith;
Arferai'r meddwl iddo roed,
    A phlaen a gonest oedd ei iaith.

Hun, di Wladgarwr, yn y bedd
    Yn naear werdd dy fro dy hun,
Rhoes angau iti fythol hedd,
    A chofir di tra chaffer Dyn.

Penmon

I W.J.G.

Onid hoff yw cofio'n taith
Mewn hoen[*] i Benmon, unwaith?
Odidog ddiwrnod ydoedd,
Rhyw Sul uwch na'r Suliau oedd;
I ni daeth hedd o'r daith hon,
Praw o ran pererinion.

Ar dir Môn, roedd irder[**] Mai,
Ar ei min, aerwy[***] Menai
Ddillyn[****] yn ymestyn mal[*****]
Un dres o gannaid risial;
O dan draed roedd blodau'n drwch,
Cerddem ym mysg eu harddwch;
E fynnem gofio'u henwau
Hwy, a dwyn o'r teca'n dau,
O'u plith, ond nis dewisem, –
Oni wnaed pob un yn em?

---

[*] 'mewn llawenydd'.
[**] 'ffresni', 'gwyrddni'.
[***] 'torch', 'cadwyn', 'cylch', 'modrwy'.
[****] 'hardd', 'prydferth', 'glân'.
[*****] 'fel', 'megis'.

Acw o lom graig, clywem gri
Yr wylan, ferch môr heli;
Hoyw donnai ei hadanedd,
Llyfn, claer, fel arfod llafn cledd;
Saethai, hir hedai ar ŵyr,
Troai yn uchter awyr;
Gwisgi oedd a gosgeiddig
Wrth ddisgyn ar frochwyn[*] frig
Y don, a ddawnsiai dani;
Onid hardd ei myned hi
Ym mrig crychlamau'r eigion,
Glöyn y dwfr, glain y don.

A'r garan ar y goror,
Draw ymhell, drist feudwy'r môr;
Safai'r glaslwyd freuddwydiwr
Ar ryw dalp o faen, a'r dŵr,
Gan fwrw lluwch gwyn ferw y lli,
O'i gylch yn chwarae a golchi;
Yntau'n aros heb osio[**]
Newid trem, na rhoi un tro,
Gwrandawr gawr[***] beiston[****] goror,
Gwyliwr mud miraglau'r môr.

---

[*] Gair cyfansawdd (*broch+gwyn*); gall 'broch' olygu 'ewyn' a hefyd 'dicter' neu 'gynddaredd', a siawns fod y ddau ystyr yn gweddu yma.
[**] Hynny yw, heb geisio.
[***] 'bloedd', 'gwaedd'.
[****] 'traeth', 'glan môr'.

Cyrraedd Penmon ac aros
Lle taenai'r haf wylltion ros
Ar fieri'n wawr firain,
A gwrid ar hyd brigau'r drain.

Teg oedd y Mynachty gynt,
Ymholem am ei helynt,
Ac o'r hen bryd, ger ein bron,
Ymrithiai'r muriau weithion;
Berth* oedd waith ei borth a'i ddôr,
A main ei dyrau mynor;**
Nawdd i wan ei neuadd o,
A glân pob cuddigl*** yno;
Meindwr y colomendy
Dros goed aeron y fron fry
Yn esgyn i hoen ysgafn
Wybren lwys,**** fel sabr neu lafn;
A than y perthi yno,
A nennau dail arno'n do,
Hun y llyn hen yn llonydd
Is hanner gwyll drysni'r gwŷdd.

---

*   'hardd', 'prydferth'.
**   'marmor'.
*** 'cell' neu 'ystafell fechan'.
****'hardd', 'teg', 'hyfryd'; ('glwys' yw'r ffurf gysefin).

Ar y ffin roedd oer ffynnon,
Ac ail drych oedd gloywder hon;
Daed* oedd â diod win
Ei berw oer i bererin.

Ac yna bu rhyw gân bêr,
Ym mhen ysbaid, mwyn osber;**
Cyweirgerdd clych ac organ,
Lleisiau cerdd yn arllwys cân
I lad*** nef, gan Ladin iaith;
Ond er chwilio'r drych eilwaith,
Mwy nid oedd namyn y dail
Prydferth hyd dalpiau'r adfail,
A distawrwydd dwys tirion –
Mwy, ni chaem weld Mynaich Môn!

---

*   'cystal'.
** 'gweddi' neu 'wasanaeth hwyrol'.
*** 'bendithiol'.

Hydref

(*1906*)

Gwelais fedd yr haf heddyw, –
Ar wŷdd a dail, hardded yw
Ei liwiau fyrdd, olaf ef,
Yn aeddfedrwydd lleddf Hydref.

Ar wddw hen Foel Hiraddug,[*]
Barrug a roed lle bu'r grug;
A thraw ar hyd llethr a rhos,
Mae'r rhedyn fel marwydos
Yn cynnau rhwng y conion,[**]
A than frig eithin y fron.

Rhoddwyd to o rudd tywyll
Ag aur coch hyd frigau'r cyll;
Mae huling caerog[***] melyn
Wedi'i gau am fedw ag ynn,
A'r dail oll fel euraid len
Ar ddyrys geinciau'r dderwen.

---

[*] Mynydd ger pentref Dyserth yn sir Ddinbych ac un o Fryniau Clwyd.
[**] Lluosog 'cawn', sef 'brwyn' neu 'gorswellt'.
[***] Ystyr *huling* yw 'gorchudd' neu 'gwrlid' ac mae'r ansoddair *caerog* yn ddisgrifiad ohono wedi'i weu'n gyfrodedd neu'n gyfochrog.

Ba wyrth wir i'r berth eirin
A fu'n rhoi gwawr ddyfna'r gwin,
A rhudd liw gwaed ar ddail gwŷdd
Gwylltion a drain y gelltydd?
O drawster* Hydref drostynt,
A waedai'r haf wedi'r hynt?
Ai ufudd oedd ei fodd ef
Wrth edryd** i wyrth Hydref
Orau rhwysg ei aur, a rhin
Ei flasus rudd felyswin?

Edrych, er prudded Hydref,
Onid hardd ei fynwent ef?
Tros y tir, os trist ei wedd,
Mor dawel yma'r diwedd!
Nid rhaid i Natur edwi***
Yn flin neu'n hagr, fel nyni;
Onid rhaid Natur ydyw
Marw yn hardd er mor hen yw!

---

*   'creulondeb' neu 'ormes'.
**   'adfer', 'rhoi yn ôl'.
*** 'edwino', 'gwywo', 'graddol ddarfod'.

Dafydd ab Edmwnd
(*1908*)

Garuaidd* dad melysaf breugerdd dyn
    A didlawd** feistr ei delediwaf*** iaith,
    Pan roddit dro, a'r fro gan Fai yn fraith,
Hyd las y lawnt lle bai dy lusael un,
I'w bagad ros tebygud rudd y fun,
    A'i hwyneb i ôd unnos mynydd maith;
    Neu frig yr hwyr, a'r gaea'n llwm a llaith,
Ba lys di-ail oedd ef, dy blas dy hun!
Datganai dy ddisgyblion wrth y tân
    Y feddal gerdd a fyddai ail y gwin,
A gwŷr a wyddai gamp y tannau mân
    Yn bwrw o'u bysedd bob rhyw ryfedd rin;
Tithau, aur enau'r iaith, pan ganit gân,
    Fel osai**** pêr diferai dros dy fin.

---

*   'hawddgar', 'tirion'.
** 'cyfoethog', 'gwych'.
*** 'harddaf', 'prydferthaf'.
**** Math o win melys.

A niwl yr hydref oer yn hulio'r tir,
      A'r glaw'n fân leiniau cain ar lwyni coed,
      A chalon drist ac anghynefin droed
Ar hyd ryw nawn bûm innau'n crwydro'n hir
Gan holi plant y wlad amdanad; dir[*]
      Na wybu'r rhain dy fyw'n y bau[**] erioed,
      A chan yr athro uniaith gair ni roed
Na gwers o'th hanes, fab yr awen wir;
A mud yw yntau, oed, amdanat ti,
      Ni wyddai air am dy neuaddau hen,
Nac iti fyw erioed, er maint dy fri
      Y dyddiau gynt; collodd ei lafar lên;
Nid eiddo ddoe ei dras na'n heddiw ni,
      Ond bratiog estron iaith a thaeog wên.

---

[*]   'sicr', 'gwir'; ond hefyd 'enbyd'.
[**] 'gwlad', 'ardal'.

'Pro Patria!'
(*detholiad, 1913*)

Eisteddai y Nyrs wrth y gwely –
    Aethai yno yn enw Crist,
Meddai hi; ond doedd waeth heb gelu –
    Roedd ei chalon yn waeth na thrist.
Dwedasai'r offeiriad yn groyw
    Pan oedd hi yn ymadael â'i gwlad,
Fod rhinwedd i'w gael yn loyw
    Ynghanol erchyllter y gâd;
A hynny'r oedd hithau'n ei amau,
    Er y clywsai hi lawer un
Yn enwi cariadau a mamau
    Ac yn galw ar Dduw ei hun;
A'r caplan yntau'n gweddïo
    Dros ambell greadur tlawd,
A hwnnw yn torri i grio –
    Nid oherwydd y briw yn ei gnawd.
Ac fel roedd ei meddwl yn plymio
    I ddunos ein daear brudd,
Cafodd ei hunan yn hymio
    Rhyw obaith am Doriad Dydd.
'Nyrs!' meddai llais crynedig,
    'Diolch i Dduw am Gymraes!'
A chododd y pen lluddedig,
    A thynnwyd uchenaid laes.

Sibrydodd hithau, gan synnu,
    Am 'waedu dros yr Hen Wlad' –
Doedd hi'n meddwl dim, ond mai hynny
    Oedd geiriau cyffredin y trad.
Chwarddodd y gŵr yn y gwely –
    Rhywbeth rhwng chwerthin a nâd –
'Gwrandewch ar y gwir heb ei gelu
    Sut yr ŷm-ni yn caru'n gwlad!

'Ar ôl i mi ddrysu Shani –
    Sut y gwnês i'r fath beth, Duw a'i gŵyr!
Ond 'rown i'n gynddeiriog amdani –
    A'r ffair, a mynd adre'n hwyr!
Wel, drannoeth, ni fedrwn i beidio
    A chrio, ran saled y tro,
A hithau mor llwyd, yn uchneidio
    Nes oeddwn i bron mynd o 'ngho.
Diawl! fedrwn i aros mo'i gweled,
    Er na bu hi unwaith yn groes,
Ond wylo, bob tro, cyn daweled,
    Fel petae pob pleser yn loes;
A finnau yn yfed fel gelen,
    A'i phoeni'n fy niod o hyd,
A'm damnio o'r herwydd, pan oerai 'mhen,
    Ac yfed rhag cofio, 'r un pryd!

'Un noswaith, pan oedd rhyw bregethu
    Yn y capel, am ddwyawr neu dair,
Meddyliais ei bod hi am fethu,
    O'r diwedd, a chadw ei gair;
Ond hi ddaeth, ac fe griodd mor druan
    Nes rhegais hi'n greulon iawn; –
'Rown innau cyn feddwed yn fuan
    Na wyddwn pa beth a wnawn.

'Deffroais y bore'n ôl hynny
    A'm gwddw fel ffwrnes ar dân,
Pob gewyn a chymal yn crynu,
    A'm dillad yn garpiau mân;
Y cwbwl a gofiwn o'r twrw
    Oedd ymladd fel cythraul â thri,
A lluchio'r gwydrau a'r cwrw
    O gwmpas, a chwdu fel ci.

'Ond er na bu fochyn na diawl
    Cyn futred neu waethed â ni,
'Roem yn union at angen y sawl
    Oedd yno'n ein listio ni
I wisgo dillad y brenin,
    Er ffoi rhag cyfraith ein gwlad,
I swagro'n llawen a thyngu'n flin,
    A dysgu mwrdro fel trad.

'Yn dri deg blinedig a llymion
    Y rhegem y gwres bob un,
A'n gynnau a'n traed yn drymion,
    A'n syched fel uffern ei hun;
Draw, roedd rhyw goed megis ffawydd,
    A throstynt dyrchafai mwg;
Dwfr oedd ein hunig awydd –
    Wedyn y taniwyd y drwg!
Cyflymodd ein traed briwedig,
    A'r gynnau'n ysgafnach a gaed;
Pa waeth os oedd gelyn cuddiedig –
    Cyn hir byddai'n oer yn ei waed!

'Pob un, a'i fys ar y glicied,
    Yn llithro'n lladradaidd i'r coed;
Doedd yno ddim deilen yn smicied –
    Fu'r bedd ddim tawelach erioed!
Dim ond fod sŵn piano
    Yn disgyn o rywle i lawr –
Ond pwy roisai ddam amdano,
    A'i wddw ar dân ers deng awr!

'Chwi glywsech sŵn ambell wybedyn,
    A thri deg yn cymryd eu gwynt,
Nes gwelwyd y ffynnon – ac wedyn
    Y gwyddech ddistawed oedd gynt!
Nid tri deg a gadwai orchmynion
    Oedd yno, ond pawb drosto'i hun –
Os buom ni rywdro yn ddynion,
    Gwnaeth syched ni'n ddiawliaid bob un!

'Dihunais, a'r haul i'w weled
    Waith dwyawr yn is i lawr;
Erbyn hyn, roedd y lle cyn daweled
    Ag oedd cyn yr helynt fawr.
Roedd dau yn fy ymyl yn cysgu
    Heb symud na throed na llaw,
A rhyw ugain o'r lleill yn cymysgu
    Eu chwerthin a'u llyfon, draw.

'Hurry up! you're dam' slow at it, laggards!'
    Medd rhywun o'r ugain, yn groch;
Ar hynny, daeth Jobkins a Jaggards
    O'r tŷ, a'u hwynebau yn goch;
Daeth Juggins a Muggins a Snoddy,
    Gan regi 'these bloody Boers';
'Taffy!' medd un, a mi'n codi,
    'Buck up! there's some fun indoors!'

'Aeth y pump at y lleill, gan chwerthin,
>Ond cysgai y ddau dan y coed;
Amheuais a fûm i yn perthyn
>I haid mor fudrogaidd erioed! –
Roedd y cwsg wedi'm dwyn o'r drwbwl
>I Gymru, yn hogyn bach –
Ond buan y cofiais y cwbwl
>Wrth weld eu hwynebau crach!
Roedd y saith ar hugain yn myned,
>A'r ddau eto'n cysgu, draw,
A mi a phob gewyn cyn dynned
>A phe bae ryw ddrwg ger llaw;
Mor fudr oedd y ddau gysgadur,
>Mor gas oedd yr haid i gyd!
A minnau'n eu canol, greadur,
>Fu gynt yn ddi-niwed ei fyd!
Cyfodais fy ngwn i fyny,
>Gan feddwl am ddeffro'r ddau –
Os dygais fy hun i hynny,
>Myfi oedd i'w feio'n ddi-au!
Ond cofiais am eiriau Snoddy,
>A'i olwg gythreulig hy,
A cherddais, a'm gwaed yn codi,
>I edrych beth oedd yn y tŷ.

'Duw a faddeuo i ddynion,
  Os oedd un ohonom yn ddyn
Ac nid diawliaid noeth lymynion –
  Ai diawl oeddwn i fy hun?

Bu agos i minnau gyfogi
  Wrth weld yr anfadrwydd i gyd,
Ond clywais ryw beth yn ysgogi, –
  Ac yno, ar lawr, ar ei hyd,
Roedd geneth, ac oddi amdani,
  Rhwygesid ei dillad yn rhydd –
Duw! cofiais am wyneb Shani,
  A'i chwyno bach isel a phrudd!

'Saith gythraul ar hugain fu yno –
    A hithau oedd gynneu yn lân –
'Down i fawr gwell fy hun, boed a fynno,
    Ond, diawl! aeth fy enaid ar dân!
'Dwy'n cofio mo'r helynt arswydus
    Pan ddaeth y ddau arall i'r tŷ,
Ond clywais eu crechwen nwydus,
    A gwelais eu trachwant hy.
'Stand back!' 'rydwy'n cofio dweyd hynny,
    'Or I'll brain you, by God, that I'll do!'
Gan droi bôn fy ngwn i fyny,
    Rwy'n cofio cynddaredd fy llw;
Nid wn at ba le yr anelais
    Bob ergyd am chwarter awr,
Ond tawodd y twrw. A gwelais
    Ddau glwt o ymennydd ar lawr!

'Am eiliad, rwy'n cofio synnu
    Weld heglau'r ddau ffyrnig gynt,
Fel heglau cyw iâr, yn rhyw grynu,
    Ar ôl rhoddi tro i'w gorn gwynt; –
Ond teimlais fy mhen yn nofio,
    A rhuthrais yn wyllt o'r tŷ,
A'r cwbwl yr wyf yn ei gofio
    Yw fod popeth a welwn yn ddu!
Ond pan glywais chwi, Nyrs, yn canu
    Darn pennill o Doriad Dydd,
Dyna 'mhen i fel petae'n gwahanu,
    A'm tafod yn mynd yn rhydd!
A dyna i chwi'r gwir amdani,
    Hanes Cymro wnaeth gam,
A ddrysodd ei gariad – O! Shani! –
    Ac a dorrodd galon ei fam!
A laddodd ddau ddiawl, mae'n wir,
    Ond nid wyf am hynny'n 'difaru –
Y boen sydd yn para'n hir
    Ydi'r meddwl am y ddwy fu'n fy ngharu!
Do, dwedais y cwbwl, ni rusais,
    Na, na, 'dydw i ddim yn sâl –
Ond cerddais y ffordd a ddewisais,
    Ac yn awr, 'rydw i'n mynd i gael tâl!'

Y Bedd

'Nox est perpetua una dormienda'* – Catullus.

Y Bedd, ddu annedd unig, ynot ti
    Is tawel ywen frig, mae huno mwyn;
    Angof a ddaeth ar ing fu ddig, a chŵyn;
Arefi bob rhyw ryfig; nid oes gri
A gyrraedd trwy dy gaerau, mwy na si
    Mân sôn yr awel frau ym mrig y llwyn;
    Ni ŵyr dy dduon oriau unrhyw swyn
Na hwyl a bair fwynhau ein horiau ni;
Cariad nid yw yn curo dan y fron,
    Nid edwyn frad a fo yn d'angof maith;
Drwg wŷn** ni odrig*** yno, lleddf na llon,
    Un dawn nid oes dan do yr argel llaith;
Dim, – oni roed mai yn yr adwy hon
    Y daw ar ddyn freuddwyd nad edrydd iaith!

---

*   Sef 'Rhaid cysgu nos dragwyddol'.
** 'poen', 'gofid', 'dolur'.
*** 'aros', 'oedi'.

Cân y Medd
(*1914*)

Yn y mynydd, mae'r gerddinen,
Yn y mynydd, mae'r eithinen,
Yng nghwpanau'r grug a hwythau
Haul ac awel dry yn ffrwythau;
    Awel iach, heulwen lon,
    Heulwen lon, awel iach,
    Delir rhinwedd haul ac awel
    Yng nghwpanau'r blodau bach.

Prysur yno fydd yr hela
Pan ddaw'r gwenyn fil i fela;
Awel haf a haul cynhaeaf,
Mêl a fyddant cyn y gaeaf;
    Melyn fêl, melys fêl,
    Melys fêl, melyn fêl,
    Haul ac awel yn y diliau,
    Wele'n felyn, felys fêl.

Gwedi'r haf a'r hael gynhaeaf,
Yn yr hendre hirnos gaeaf,
Wrth y tân yn sain y delyn,
Melys fydd y meddlyn melyn;
    Melys fedd, melyn fedd,
    Melyn fedd, melys fedd,
    Haul ac awel, mêl y gwenyn,
    Wele'n felyn, felys fedd!

Am Ennyd

I

A'r gwynt yn ysgythru'r blanhigfa
    Sy'n tyfu o amgylch y plas
A saif ar y fan lle'r oedd trigfa
    Ei hendaid, pan oedd yn was,
Cyrhaeddodd i'r tŷ yn flinedig,
    A mosiwn y modur o hyd
Yn troi'n ei ymennydd lluddedig
    Hyd nad oedd y dodrefn drud
Fel pe baent yn rhuthro heibio
    Fel gwrychoedd a theios* a choed,
A Dewin yr Oes wedi'u rheibio
    A'i ddawn, os bu reibio erioed;
Eisteddodd i geisio arafu
    Gwylltineb ei daith i gyd,
Fel na bai i'w brys ei anafu
    A'i hyrddio dros ymyl y byd.

---

*   Sef tai bychain neu dlawd.

A dengmil o bunnau sychion
        I'w hennill ar waith y dydd,
Yng nghanol ei gelfi gwychion
        Paham na bai weithion yn rhydd?
Eisteddodd wrth fwrdd y cinio,
        A phob rhyw wasanaeth yn flin,
O'r manbysg* arian-gen, i finio
        Yr archwaeth oedd bŵl, at y gwin;
Doedd gweld faint o sidan nas gwisgai
        Y merched ddim cysur, fel cynt,
Na'u geiriau na'u chwerthin, tra llusgai
        Yr awr, onid gwegi a gwynt.
Doedd flas ar na phapur na stori,
        Na mynd ar sigâr na gwin,
Na dim yn y byd i'w ddiddori
        Rhag pwys ei ddigonedd blin.

---

*   Hynny yw, pysgod mân.

II

Clec – clonc – bwrr – bŵm! dyna ruo
    Fel ped aethai'r wlad yn garn,
A llwyd wybren hwyr hithau'n duo –
    Meddyliodd am stori Dydd Barn –
Oni chofiodd fod mil o drueiniaid
    Dan y ddaear yn torri'r glo,
(A phedwar neu bump o fileiniaid
    Yn ceisio eu gyrru o'u co,
Drwy sôn am eu tai a'u cyflogau,
    Fel pe gellid fforddio mwy
Heb golli busnes a llogau,
    A'u gyrru bob un ar y plwy –
Fel pedfai ryw gwmni yn gweithio
    Gwaith glo er elusen i dlawd!)
Bŵm eto! Ag Angau'n anrheithio,
    Bydd dyn weithiau'n cofio ei frawd,
A'i golled ei hunan, hwyrach, –
    Mor gymysg yw calon dyn! –
Ond duai yr wybren yn llwyrach,
    A chrynai'r holl ddyffryn ei hun.

III
I waelod y pentref rhedodd,
    Ac yno, yng nghanol y mwg,
Roedd cannoedd yn rhuthro, a chredodd
    Weld llygaid ar dân gan wg;
Ond nid oedd dim un i'w ddirmygu,
    Na'i weld, mwy na'r sbwriel mân –
Roedd pumcant o Ddynion yn mygu
    I lawr yn y tawch a'r tân.

Gwelodd y merched llymion
    Yn mynd fel ysbrydion lu,
A thraed mewn esgidiau trymion
    Yn crensian y diamwnd du;
Plant troednoeth heibio'n dylifo,
    Ac awr wedi eu gwneuthur yn hen, –
Doedd briw ar y troed ddim yn brifo,
    Na syrthio'n dwyn gwaedd na gwên.

O ddyffryn i ddyffryn, heb ballu,
> Dylifai Brawdoliaeth Dyn,
Dewrder a phrofiad a gallu,
> Tanbaid waed Bywyd ei hun.
I lawr lle'r oedd Angau ofnadwy
> Yn llosgi ei ebyrth â thân,
Rhuthrai Brawdoliaeth i'r adwy,
> Heb faner, na chorn, na chân;
A hwythau, wŷr mawr yr aur melyn,
> Datodent linynnau'r pwrs,
I leddfu difrod y gelyn –
> Nes swyno'r wasg drannoeth, wrth gwrs.

IV
Gerwin a hir a fu'r chwilio,
> A dewr fu Brawdoliaeth Dyn,
A mil o obeithion yn cilio
> O fodfedd i fodfedd, bob un,
Nes iddynt o'r diwedd drengi
> Ar unwaith, ryw noson hir,
Ac i Un Anobaith sengi
> Ar sarn o galonnau ir.
Trwy ganol y boen ddileferydd,
> Trwy ganol y gofid mud,
Y crwydrai Brawdoliaeth, heb gerydd
> At wallgof na phechod y byd.

Ac yno, yng nghanol y cyni,
        Roedd Un fu wrth galon y byd,
A wybu ei syrthni a'i ynni,
        A'i gariad a'i gas i gyd;
Ni faeddwyd ei wisg lle'r ymdroai,
        Yng nghanol y llwch a'r llaid,
Ond rhagddo, mynych y ffoai
        Trueni yr aberth di-raid;
O filoedd o leisiau disgynnodd
        Difesur dynerwch ei lef,
Ac o lygaid aneirif tywynnodd
        Ei dristwch anfeidrol Ef.

V
Does tawch yn y gwaith, mae'r cyflogau
        Ychydig yn is, medd rhai,
Oblegid y golled; a'r llogau?
        Maent hwythau yn edrych yn llai;
Ar rai mae rhyw hanner cywilydd
        Wrth gofio eu gwendid gynt,
Pan ddaeth Dynion mor agos i'w gilydd
        Nes am funud anghofio'r Bunt;
Mae'r ddaear yn dechrau glasu
        Ar bumcant o feddau di-lun,
A Masnach eto'n teyrnasu
        Lle gwelwyd Brawdoliaeth Dyn.

Senghenydd

Cerddais y dref yng nghil y dyffryn gwyw
    Drwy niwl a glaw a mwg y pyllau glo;
    Gwelais eglwysi lu, yn dwyn ar go
Hiraeth y miloedd am dangnefedd Duw,
A gorffwys rhag blinderau dynol ryw;
    Ond pwysai duach cysgod ar y fro
    Na mwg y pyllau, cysgod trwm y tro
A roisai'r cannoedd mud yn aberth byw
Ar allor golud Rhai. A thraw mewn tŷ,
Roedd gwŷr y gyfraith ac arglwyddi gwanc
Y llogau mawrion, wrthi'n holi'n hir
    Ar bwy yr oedd y bai, pa fodd y bu
Ysgubo'r cannoedd i druenus dranc:
    Er nad oedd yno un na wyddai'r gwir.

Tír na nÓg
(*detholiad*)

Rhan II

Llannerch yn ynys Tír na-nÓg, yng nghanol coed a blodau. Daw NIA i'r golwg a gwrendy. Clywir megis sain tannau o bell. Cynydda a derfydd. Cilia NIA i'r cysgod.

MORYNION *(o'r golwg)*:
>A feddo gof a fydd gaeth,
>Cyfaredd cof yw hiraeth;
>Disgwyliad, ŷs y galon,
>Trwy alar hir treulir hon!

Daw OSIAN i'r golwg. Saif a gwrendy fel pe bai'n clywed rhywbeth. Clywir o'r pellter megis atsain cyrn a chyfarth cŵn, ac yna lleisiau dynion yn canu:

>Awn yno, lle cawn ennyn
>>Pêr hiraeth,
>A'i lethu'n hudoliaeth
>>Hen y delyn.

OSIAN: Pêr hiraeth! Pa ryw eiriau?
>Pa ryw hud sydd yn parhau?
>Hudoliaeth hen y delyn,
>Pa ryw hud sy'n peri hyn?
>O! fwynaf Ynys Ienctyd,
>Ai rhy ddi-fai dy hardd fyd
>I ddal anesmwyth galon
>Dyn o hyd, a denu hon?

Dirioned wyd! Er hyn, daeth
Am Erin imi hiraeth, –
Erin, ddihafal oror,[*]
Ba ryw le mae, berl y môr?
   Daw NIA *i'r golwg yn araf o blith y coed.*
Nia deg! i'm bron y daeth
Am Erin lam o hiraeth,
Erin lân yr arian li,
Lun haul yn nolen heli,
Dyred, yr hwyr, dyro dro,
Am unwaith â mi yno!

NIA: Gwrando goel a gair nid gau,
F'enaid, a draethwyf innau;
Yno, o delych unawr,[**]
Farwol un, o'th gyfrwy i lawr,
Diogel na ddychweli
Eto fyth hyd ataf i!

OSIAN: Minnau, a'th serch i'm ennyn,
Ba wedd im y byddai hyn?

NIA: Gwywo bu lawer gaeaf
Yn Erin oer wenau haf,
A thi yn brydferth ieuanc,
Heb wae trist adnabod tranc,
Yng ngolud eang heulog,

---

[*]   Yr ystyr yma yw 'ardal' neu 'bro'.
[**] Hynny yw, os deui (i lawr o'th gyfrwy) yno gymaint ag un awr.

> Tiriona nef Tír na nÓg;
> O* dodi, wedi'r oediad,
> Droed i lawr ar dir dy wlad,
> Anniddig yr heneiddi,
> Trwy ing daer y trengi di.

OSIAN: Yn Erin mynnwn aros
Un dawel awr, Nia dlos!

NIA: Os Erin werdd a gerddi,
Awr fydd d'awr a'th orfydd** di.

OSIAN: Erin y môr! yno mae
Y gwŷr y bûm yn gwarae
Gyda hwy, ac wedi hyn
Ar gil yn gyrru'r gelyn;
Gad weled dy goed eilwaith,
Erin y môr ewyn maith!

NIA: Os Erin werdd a gerddi,
Awr fydd d'awr a'th orfydd di!

MORYNION (*o'r golwg*):
Os Erin werdd a gerddi,
Awr fydd d'awr a'th orfydd di!
Aros lle mae yr oriau
Lawn o hud i'th lawenhau,
Haul haf ac awel hefyd
Fel y mêl yn falm o hyd.

*   'os'.
** 'dy drechu', 'dy orchfygu'.

Tra fo'r MORYNION *yn canu, saif* OSIAN *a* NIA *gan edrych ar ei gilydd.*

OSIAN *(gan ddal ei ddwylaw at NIA)*:
>Eiliw haul ar loywa heli,
>>Eilun nwyd fy nghalon i,
>O, f'anwylyd, tynn fy nwylo
>>I'th eiddilwyn ddwylo di.

♦ ♦ ♦

Rhan III

Yn Iwerddon. Safle hen gartref OSIAN. *Meini ar chwâl yma ac acw. Seiri yn dwyn meini at adeiladu mur, a phennaeth yn edrych ar eu holau.*

Y SEIRI *(yn canu)*:
>Dyma'r lle bu gartre'r gân
>Felysaf eiliai Osian
>Oesau'n ôl. Dyrysni yw
>Neuaddau'r dewrion heddyw;
>Ond yn awr, cyfodwn ni
>Lys arall.

Y PENNAETH: Wele, seiri,
>Gwael fydd sail ein adail ni,
>A maned* yw ein meini!
>I gaer ein tadau gwrol,
>Mynnwn ni eu meini'n ôl.

---

*   Hynny yw, 'mor fân yw ein meini'.

Y SEIRI: Mynnwn ni eu meini'n ôl
I gaer ein tadau gwrol,
Fel yn nydd y gelfydd gân
Felysaf eiliai Osian.

Ânt ymaith. Daw OSIAN *i'r golwg ar ei farch y tu draw i'r mur, ac edrych ar y gwaith. Clywir canu'r seiri yn darfod draw.*

OSIAN: Trist yw nad oes heddyw sôn
Am daith fy nghydymdeithion;
Nid oes, lle'r oedd gannoedd gynt,
Hanes am un ohonynt;
A'm hannedd yma heddyw
Wele, noeth adfeilion yw!
Gwae hefyd yw, mi gofiaf,
Fel doe'r oedd dan flodau'r haf,
A disglain des* glân y dydd
Ag aur yn toi'r magwyrydd;
Wynebau glân, bywiog lu,
Aml lais gwin, melys ganu;
Glân oedd, digalon heddyw,
Annwyl oedd, ac anial yw!
Af yn ôl. O f'anwylyd,
Nia Ben Aur! na bawn hyd
Y dolau gwyrdd i'w dilyn,
Dan y wawr, a'm byd yn wyn!

---

*   Hynny yw, disgleirdeb cynnes yr heulwen.

Try OSIAN *draw ac â o'r golwg. Daw'r* SEIRI *yn ôl gyda maen mawr, a'i ddodi ar lawr wrth y mur.*

Y SEIRI: I gaer ein tadau gwrol
            Mynnwn ni eu meini'n ôl,
            Fel yn nydd y gelfydd gân
            Felysaf eiliai Osian.

Ceisiant godi'r maen, a methu. Daw OSIAN *i'r golwg eilwaith y tu draw i'r mur ar ei farch, ac edrych arnynt.*

OSIAN (*megis rhyngddo ag ef ei hun*):
            Adferant henllwyd furiau
            Ddoe fu wych – yr annedd fau,[*]
            Ond, adail, wanned ydynt
            Wrth y rhai a'th godai gynt!
                (*Wrth y* SEIRI):
            I minnau, wŷr, pe mynnwn,
            Diau hawdd oedd godi hwn,
            A'i roi'n y mur yn y man
            A fynnech chwi, fy hunan!

♦ ◆ ♦

Plyg OSIAN, *cyfyd y maen a'i ddodi ar y mur. Wrth iddo wneuthur hynny, tyrr cengl y cyfrwy, a syrth yntau ar lawr. Rhed y* SEIRI *ato a'i gyfodi, yn hen ŵr llesg.*

♦ ◆ ♦

---

[*] Hynny yw, y breswylfa sy'n eiddo [i mi].

OSIAN (*a'i lais yn crynu*):
>O, fy nolur, clyw, f'anwylyd,
>>Deuliw iâ ar dyle wyd,
>Hoen y galon hon a gilia,
>>Galw yn ôl, yn ôl, ei nwyd!

>O, ail agor fy ngolygon,
>>Niwl a'u deil, ni wela'i di;
>Cau mae dunos tranc amdanaf,
>>Dial ddaeth, e'm daliodd i.

>Nia f'annwyl, oni fynni
>>Alw yn ôl fy nghalon i,
>Nia, wele f'olaf alaeth
>>Deled nos – deolwyd* ni!

>>>>*Syrth i lawr yn farw.*

Y SEIRI *(gan dyrru o'i gylch)*:
>Ochôn! Ochôn! Ochôn!

MORYNION *(o'r golwg)*:
>Os Erin werdd a gerddi,
>Awr fydd d'awr a'th orfydd di!
>A feddo gof a fydd gaeth,
>Cyfaredd cof yw hiraeth;
>Disgwyliad, ŷs y galon,
>Trwy alar hir treulir hon;

---

*   'gwahanwyd'.

Nyni yn hoywon ieuanc,
Yntau yn drist yn ei dranc;
Nyni heb wae a'n bywyd
Fel y mêl yn falm o hyd,
Yntau yn drist yn ei dranc,
A ni'n ddiddiwedd ieuanc.

Â'r canu ymhellach, bellach, fel y bo'r goleuni'n lleihau, a derfydd pryd na bo ond llewych yn disgyn ar y SEIRI, *yn sefyll yn hanner cylch o gwmpas corff* OSIAN.

Hen Fynyddwr

(*Sir Aberteifi, 1916*)

Ganed ar ganol y mynydd,
    Adnabu ddefaid ac ŵyn,
Corsydd a chreigiau, afonydd,
    Rhedyn y bronnydd a'r brwyn.

Dim iddo wegi* penadur
    A chelwydd y gwleidydd croch –
Gwell oedd y salwaf creadur
    A fagodd, o fyllt** neu foch.

Gwelodd wyth deg o flynyddoedd,
    A gonest, os tlawd, fuont hwy;
Ddoe, daeth i lawr o'r mynyddoedd,
    Ac yno, ni ddychwel mwy.

---

*   'gwagedd', 'oferedd'.
** Sef defaid gwryw.

Mater Dolorosa

(*yn amser rhyfel, 1916*)

O Fair, urddasolaf mam,
          paham,
Paham na wrandewi di
          nyni?
Paham na wrandewi di
          ein cri,
Weled ein meibion dan draed
          a'u gwaed
Heno yn porthi'r cŵn?
          clyw'r sŵn!
Och na baem feirw ni,
          clyw'n cri,
Gwrando o'th uchel radd,
          a'n lladd,
Mamau heb galon mwy,
          fyth mwy.

Madog
(*detholiad*)

I

Wylai cyfeiliorn awelig yn llesg yn yr hesg a'r llwyni,
    Nos, dros y bryniau dynesai, dydd, ymbellhai dros y don;
Mwyn ydoedd glannau Menai, a'r aur ar Eryri yn pylu,
    Su drwy goedydd Caer Seon, Môn yn freuddwydiol a mud.
Draw ar y traeth yr ymdroai Madog, a'r mudan dawelwch
    Dwys ar ei enaid yn pwyso fel y myfyriai efô;
Madog fab Owain Gwynedd, arf ysol ar feysydd ei genedl,
    Ef, fu arwr ar foroedd, dewr ben llyngesydd ei dad,
Owain (o rym a dyhewyd,* aml oedd ei ymladdau llidiog,
    Hunai ym Mangor heno, mewn hedd wedi'r ymwan** hir!)
Madog, a garai symudiad agwrdd*** wanegau diorffwys,
    Eigion yn ysgyrnygu gwawd wrth ymryson â'r gwynt;
Heno, mor drist oedd ei enaid â'r môr ar y marian pan wylo
    Ddagrau ei anniddigrwydd a'i wae, wedi'r dymestl wyllt;
Glas y môr yn ei lygaid, a'i deryll**** ddyfnderau'n eu canol,
    Hiraeth yr eigion aflonydd fyth yn ei lais efô, –
Dyn nad oedd un a'i cadwynai, rhydd megis rhyddid yr awel,
    Cymrawd y don bererin, mab anfeidroldeb y môr!

---

*   'ymroddiad', 'brwdfrydedd'.
**   'ymladd'.
***   'ffyrnig'.
**** 'treiddgar', 'ofnadwy'.

Meddai: 'Cymwys im addef oferedd myfyrion ieuenctid,
  Dyn ni chaiff na daioni na hedd ar y ddaear hon;
Mwyn fyddai glywed y Mynach, a welodd hyd waelod bywyd,
  Eto ar hyn yn taranu barn, er balchterau y byd!
Mabon, hen athro fy mebyd, ble'r wyt? Ble'r âf i'th ymofyn?
  Taenwn fy ngofid heno o dan dy oleuni di!
Gwae i mi wrthod dy gywir rybuddion, er boddio balchter,
  Gwrthod dy wisg a'm gwerthu fy hun am siomedig foeth;
Dewis fy llam a'm tramwy a fynnwn – wyf heno edifar –
  Mabon! hen athro fy mebyd, tost na ddychwelit ti!'

* ◆ *

II
Dolef ddisyfyd o alar a fu ar faes y gyflafan,
  Yna, gwaedd o lawenydd, draw lle'r oedd ddycnaf y drin,
Gwaedd uwch gwaedd, yna'r Gwyddyl i'r môr o'r marian yn cilio,
  Cilio rhag ymlid caled, a'r maes gan ryfelwyr Môn.
Hywel â saeth y gelyn a'i blaen yn ymblannu'n ei galon,
  Gloes yn ei lygaid gleision, a chlo ar ei dafod ef,
Hywel, y bardd, y bu harddwch y wawr a'r eira'n ei swyno,
  Gynt, i ganu, ag yntau yn boeth gan lawenydd byw;
Diffaith mawrfaith a morfa a garai, a gwyros* a meillion,
  Haul ar loywder yr heli, a dolef yr anwar don!

---

*   Math o lwyn bytholwyrdd.

Distain* Hywel o weled y Mynach, dymunodd ei gyrchu,
    Yntau, â geiriau trugaredd, aeth i'w gysuro ef;
Truan y troai Hywel ei olwg wrth alwad y Mynach,
    Ofer y gwingodd ei wefus – mud ydoedd honno, mwy;
Cododd y meddwl caeedig i'w legach lygad yn ddeigryn,
    Arhosodd fel gem o risial tawdd wrth yr amrant hir,
Yna, disgynnodd hyd wyneb Hywel, a chaeodd yr amrant, –
    Ias, ac uchenaid isel, a dim lle bu'r nwydau oll!

◆ ◆ ◆

III
Nos ar y byd a deyrnasai, distaw ei dwyster ar Fenai,
    Marw'r oedd dadwrdd y morwyr, hun yn eu treisio hwy;
Madog a Mabon hwythau yn eistedd yn astud eu golwg,
    Gair fel yn ofni egori** dôr eu meddyliau dwys.
'Madog, fy mab,' medd Mabon, o'r diwedd, mor dawel a thyner,
    'Addef im eto dy feddwl – baich ydyw distaw boen!'
'Addas, fy nhad,' medd Madog, 'im addef y meddwl a'm poenai;
    Truan fod taw ar Hywel, a brwnt yw dialedd brawd!'
'Ebyrth,' medd yntau Fabon, 'yw dynion i dân eu hanwydau,***
    Cam am gam ni bydd cymwys, a thwyll am dwyll ni bydd da.'

---

*   Sef prif swyddog neu stiward llys brenhinol.
**   'agor'.
*** 'natur', 'tuedd', 'anian'.

'Mabon, hen athro fy mebyd, fy nhad, fu'n hudo fy meddwl
 Unwaith,' medd ef, 'a'i ennyn â haul dy feddwl dy hun,
Waeled yw byw yn hualau ynfydion ddefodau meirwon,
 Moli trachwant a malais, byw ar elyniaeth a bâr;
Ystryw rhwng Cymro ac estron, a brad rhwng brodyr a'i gilydd,
 Celwydd yn nyfnder calon, a'i dwyll ar y wefus deg;
Lladd heb ymatal na lluddio, a mawl am wanc* a gormesu,
 Dial ar feddwl a deall, clod am orchest y cledd;
Beirdd yn frwysg wrth y byrddau yn moli pob milain weithredoedd,
 Gwin yn cynhyrfu gweniaith, a gweniaith yn prynu gwin;
Dewisaf** clod i dywysog o ddyn oedd ei enwi'n llofrudd,
 Gorau oedd dreisiwr gwerin, a glew a'r a ddygai wlad;
Mabon, hen athro fy mebyd, hynny im unwaith a draethit,
 Mynnwn nad gwir mohono, gwn erbyn heno mai gwir;
Onid, och! onid oes yno well tir ym mhellterau'r moroedd,
 Mabon! na roddit im obaith, fel yn y dyddiau a fu!'

◆ ◆ ◆

IV
Un dydd, ar y meithion donnau, â hi yn brynhawn, disgynnodd
 Distaw ddisyfyd osteg***, cwsg fel am bopeth yn cau;
Awel a huan**** dan lewyg, a'r heli a'r hwyliau'n llonydd,
 Mudan a diymadferth oedd maith unigrwydd y môr;

* 'chwant', 'trachwant'.
** 'gorau', 'pennaf'.
*** 'tawelwch sydyn'.
**** 'heulwen'.

Golwg pob dyn ar ei gilydd, holai ba helynt oedd agos –
   Eigion, pan ddatlewygo, dyn ni ŵyr ddyfned ei wae!
Yna, o'r awyr y rhuodd rhyw drwmp hir draw'n y pellteroedd,
   Taenodd iâs dros y tonnau a gwyllt fu brysurdeb gwŷr;
Eiliad na threfnwyd yr hwyliau, a byrr cyn berwi o'r dyfroedd,
   Yna, tarawodd y trowynt nef ag eigion yn un.
Llanwyd y nef â dolefau tafod cyntefig y tryblith,
   Ochain ac wylo a chwerthin croch yn nhraflwnc y rhu;
Hwythau y llongau, oedd weithian fel us o flaen ei gynddaredd,
   Trochent yn niflant* y rhychau a chrib y mynyddluwch rhwth,
Mawr yr ymladdai'r morwyr yn nhwrf y cynhyrfus elfennau,
   Dreng gyfarfod â'r angau, cad heb na gobaith nac ofn;
Drylliwyd y môr yn droëllau, treiglwyd trwy wagle'r ffurfafen,
   Rhwyg fel pe llyncai rhyw eigion gwag holl angerdd y gwynt.
Yna'n ôl araf wahanu o'r ewyn a'r awyr eilwaith,
   Gwennan ei hun yn unig oedd mwy ar ddyfroedd y môr.
Breuon fel brwyn fu hwylbrennau y llong rhag llam y rhyferthwy,
   Llyw a aeth, a chanllawiau, a'i hais, datgymalwyd hwy.
Distaw rhwng asiad ei hestyll iddi'r ymdreiddiai y dyfroedd,
   Ennyd a'r angau'n dringo o fodfedd i fodfedd fu;
Gair ni lefarwyd ond gwyrodd Madog, a mud y penlinodd,
   Ufudd y plygodd hefyd ei lu yn ei ymyl ef;
Yna, cyfododd y Mynach ei law a'i lef tua'r nefoedd,
   Arwydd y Grog a dorrodd, a'i lais a dawelai ofn;
Rhonciodd y llong, a rhyw wancus egni'n ei sugno a'i llyncu,
   Trystiodd y tonnau trosti, bwlch ni ddangosai lle bu.

*   'diflaniad'.

Rhos y Pererinion
(*1920*)

Pe medrwn ado'r byd a'i bwys,
    Gofidiau dwys a blinion,
Ba le y cawn i noddfa dlos? –
    Yn Rhos y Pererinion.

Er bod trybini lond y byd,
    A'i flodau i gyd yn grinion,
Mae dysg a rhinwedd ddydd a nos
    Yn Rhos y Pererinion.

O fyd y niwl, cyfodi wnaf,
    A hwyliaf ar fy union
Dros fôr a thir a ffin a ffos
    Hyd Ros y Pererinion.

Caf yno fyw dan fendith saint,
    A braint eu glân gyfrinion,
Ac ni ddof byth i dir y nos
    O Ros y Pererinion!

Ystrad Fflur
(*1920*)

Mae dail y coed yn Ystrad Fflur
    Yn murmur yn yr awel,
A deuddeng Abad yn y gro
    Yn huno yno'n dawel.

Ac yno dan yr ywen brudd
    Mae Dafydd bêr ei gywydd,[*]
A llawer pennaeth llym ei gledd
    Yn ango'r bedd tragywydd.

Er bod yr haf, pan ddêl ei oed,
    Yn deffro'r coed i ddeilio,
Ni ddeffry dyn, a gwaith ei law
    Sy'n distaw ymddadfeilio.

Ond er mai angof angau prudd
    Ar adfail ffydd a welaf,
Pan rodiwyf ddaear Ystrad Fflur,
    O'm dolur ymdawelaf.

---

[*] Sef Dafydd ap Gwilym. Yn ôl traddodiad, yno o dan ywen Ystrad Fflur y'i claddwyd ef.

Be Nas Prididd Arall

Nithwr, peth mowr a nethoi,
A dyma'r gwir, dim o'r goi.

Nijo i weld yn wejen
Nithim i, yn noeth y men;
Trampo'n ffast yn y blast blin,
A'r slwj at ddrws i lojin,
Cwnni men at y ffenest,
Fel jawl ne anifel, jest,
A dryched drw i hochor
Ryd y nos, a nrâd i'n ôr,
A dropas glaw yn dripo,
Drip, drap, fel tae tap ny to,
Dyshefo! fel dŵsh afon
Megys rwng y nghrys a 'nghrôn!

Gweled y ford mewn ordor,
A rw ddoi yn dod trw'r ddôr –
Mae'r ddoi fabŵn yn spwno! –
Joch o law – ond, jawch, hylô?
Beth, ai Gwen? – troi'n boeth ag ôr,
Regi, fel cant, neu ragor;

Bwrw â'n ffon bren y ffenest
A bŵm a jwmp fel bom, jest;
A jarr fel pan oedd Jeri
Yn y nos nyn straffo ni,
A'r gwydyr swmp yn cwmpo
Fel shrapnel, grafel a gro!

Nijo i'r sìl yn filen,
Twrw mawr, ond taro men
Nes oedd, fel yr ofnes i,
Yn sgelet lawn o sgili!
Rilo'n ôl nes rolwn i,
Bwbach, ym mreichie'r bobi!
(Oedd raid i'r ddïar wedi,
Agos awr, f'ecsgiwsio i.)

Ow, le yw'r osbital hon
I ddyn! Ond beth am ddynon
Y lle y byddai ddi Llin
A'n mater ni ny mitin!

Gwenoliaid

(*1923*)

Cawod o flotiau duon
    Yn awyr ruddgoch Mai;
Gwyddant lle gynt y buon',
    Disgynnant ar bennau'r tai.

Siglant eu plu a'u cynffonnau,
    Grydwst* yn hir a wnânt
Bob yn ail a phigo'u bronnau;
    Yn dres heibio'r coed yr ânt.

Clywsant yr alwad neithiwr
    A hwythau yn heulwen y de,
Di-arwydd oedd ffordd pob teithiwr,
    Ond edwyn pob un ei le.

---

*   'murmur', 'cwynfan'.

Chwalu

(*1924*)

Mae'r nos yn drom a distaw
    A phentwr o waith ar y bwrdd;
Paham na fedrwn i weithio? –
    Aeth rhywun, a rhywbeth, i ffwrdd.

Blinodd a phallodd fy llygaid,
    Peidiodd pob peth â'i dwrdd;[*]
Paham na fedrwn i gysgu? –
    Aeth rhywun, a rhywbeth, i ffwrdd.

Daw rhywun yn ôl dro eto,
    Nid hir na chawn eilwaith gwrdd;
Paham na bawn megis y byddwn? –
    Aeth rhywbeth, am byth, i ffwrdd.

---

*   'sŵn', 'twrw'.

Anatiomaros
(*detholiad*)

I
Ym Mro Wernyfed, daeth pryd aeddfedu,
Ar ddôl, ar ffrith y trodd liwiau'r ffrwythau;
Ei wineu rwysg* oedd yng ngrawn yr ysgaw,
Aeddfed chwarddai ar wyddfid a cherddin;
Troes ei ruddfelyn tros wyrdd afalau
Ac aeron haf perllennydd Gwernyfed.

◆ ◆ ◆

Cyrraedd yr Hendref; yna, wrth ddefod
Y cenedlaethau, bu cynnadl** weithion,
O dan y Dderwen hen a changhennog
A welsai eisoes liaws o oesau
O dir anwybod yn dirwyn heibio
I dir anwybod, drwy wae neu obaith.

Yno, er adrodd cyfraith yr Hydref,
A pheri'n ufudd goffáu'r hynafiaid,
Y daeth henuriaid a doethion eraill
A hwythau raddau y doeth Dderwyddon
Yn ôl eu braint, yn ei lwybyr yntau
Athro hen eu gwybodaeth a'u rhiniau,
Efô, rhag angen, fu orau'i gyngor,

---

* 'gwychder browngoch'.
** 'cyfarfod', 'cynulliad', 'cynhadledd'.

A nawdd ei dylwyth yn nyddiau dolur,
Efô o'i gariad a fu gywiraf
O'u tu ym mherygl, Anatiomaros.

Canwaith a mwy, gwelsai ef hendrefa,
A hen aeafau ym Mro Wernyfed;
Llywethau ei ben megis llwyth y banadl
Unwaith a fu yng nghyfoeth ei fywyd,
Ac ef, er hyn, nis cofiai yr hynaf
Onid a'i wallt megis manod* elltydd;
Efô, a wyddiad a fu, a fyddai,
A dawn nid oedd na gwybod nad eiddo;
O dramwy eraill i Dir y Meirwon,
O Fro Wernyfed, dros ferw aur Neifion, –
Yng nghanol ei long, ni alwai Angau
Anatiomaros ar hynt y meirwon!

◆ ◆ ◆

Newydd a hen y gyfannedd honno,
Mwyn dychwelyd a myned i'w chwilio,
Dymuniad gŵr ydyw mynd ac aros,
A hynny, hoen yw, bydd hen yn newydd,
A newydd yn hen, ni ddihoena hynny;
Lle buwyd unwaith, gall bywyd yno
Ado** rhin ei ysblander ei hunan.

◆ ◆ ◆

---

*   'eira mân'; hynny yw, a'i wallt yn wyn.
** 'gadael'.

Ag adain nos yn bargodi'n isel,
A darnau dydd ar y dŵr yn diweddu,
Efô'r hen Dderwydd ei hun yn unig
Gwyliai'r nefoedd am goel i Wernyfed,
Y goel a ddôi o'r gwagleoedd eang,
O wynfa'r haul a'r rhai anfarwolion.
Yno, naw dengwaith, noson y dynged,
Yn nhreigl ei oes yn hir y gwyliasai,
Ac eto unwaith, dros frig y tonnau,
Y gwyliai'r nef am goel i Wernyfed,
O awr i awr, a'i lygaid yn aros
Heb wyro un waith o wybren eithaf
Y maith orllewin, lle methai'r lliant;*
Yno, tanodd i'r diflant hwnnw
Yr aethai yr haul dros wartha'r heli;
Rhyw ias o wyn a arhosai yno,
A'r nos yn awr yn ei ysu'n araf;
Gwingodd, ymdonnodd fel llygad unig,
Gloywodd, ac yna, treiglodd o'i ganol
Ryw gwlwm gwyn, megis briglam gwaneg;**
A thrwy y nos, gan ei llathr wyniasu,
Union drywanodd y gwynder hwnnw
Hyd onis gwelid, yn osgo alarch,
Fry ar ei nawf uwch gwenfro Wernyfed,
Yn gannaid*** alarch, y gennad olaf.
Ac wrth yr allor pan ddaeth y bore,
Hun oedd oer oedd hun yr hen Dderwydd.

*   'llif', 'llifeiriant'.
**   'ton'.
*** 'gwyn'.

II
Suddodd yr haul; glasdduodd yr heli;
Yna'n waed ar y tonnau newidiodd
Yr hynt o aur. A'r bad yn ymado,
Ar lwybr yr haul heb wyro yr hwyliai,
A'i ferw eirias fel pedfai farworyn
O fron yr haul ar y dwfr yn rholio.

Gwywai'r lliw ym mhorth y gorllewin,
Dorau gwiw ei ysblander a gaewyd;
Duodd y môr, ac nid oedd mwy arwydd
O'r haul ei hun ar yr heli anial,
Onid bod draw ar eithaf yr awyr
Un eiliw tyner. Ar ganol y tonnau,
Un llygedyn o'r dwfn wyll a godai
O dro i dro ar drum y gwanegau.
A duai'r nos. Ar y dŵr yn isel,
E lamai y fflam, a phylai ymaith,
A chlywid olaf cri yn dyrchafu
Fry i'r nefoedd uwch gwenfro Wernyfed –
'Anatiomaros, aeth at y meirwon!'

Y Weledigaeth
(*1926*)

Daeth y bugail i mewn i'w fwthyn
    Ar ganol unig y rhos,
Prin yr oedd ynddo chwythyn
    Gan fraw'r weledigaeth nos.

Fe glywodd sŵn clecian fel melin
    Yn rhedeg yn wag, yna bref,
A gwelodd ddau lygad ufelin[*]
    Yn rhuthro rhwng daear a nef.

A chyn iddo osio[**] dyfalu,
    Fe glywai'r brefiadau a'r twrdd,
A gwelai'r goleuni'n sgrialu
    Dros gefnen lawn filltir i ffwrdd.

A hir a fu'r braw a'r dyfalu,
    Ond weithian, ar hyd yr un rhos,
Mae gorwyr y gŵr yn sgrialu
    Mewn Ffordyn yn gyson, bob nos.

---

[*] 'tanllyd'.
[**] 'ceisio'.

Argoed
(*detholiad*)

I
Argoed, Argoed y mannau dirgel ...
Ble'r oedd dy fryniau, dy hafnau dyfnion,
Dy drofâu tywyll, dy drefi tawel?

Tawel dy fyd nes dyfod dy dynged
Hyd na welid o'i hôl ond anialwch
Du o ludw lle bu Argoed lydan.

Argoed lydan ... Er dy ddiflannu,
Ai sibrwd mwyn dy ysbryd, am ennyd,
O ddyfnder angof a ddaw pan wrandawer ...

Pan fud wrandawer di-air leferydd
Y don o hiraeth yn d'enw a erys,
Argoed, Argoed y mannau dirgel?

II
Yn neutu Gâl a'i gogoniant a'i golud
Enwog oedd ddirgel unigeddau Argoed;
Yno, gynt, y ceid awen ac antur,
A gwir y doethion mewn geiriau dethol;

Ffyddlon ydoedd ei chalon; ni chiliai
O gof fyth yno gyfoeth ei hanes,
A pheraidd yno a phur oedd heniaith
A hen arferion ei chynnar fore.

O! ddiddaned y dyddiau oedd yno,
Yn nistaw ddirgel fforestydd Argoed!
Ni wyddai hi, yn ei hen ddyhewyd,[*]
Dynnu Gâl o dan wadnau ei gelyn,
Edwino eisoes fri ei dinasoedd,
A dyfod ystryw a defod estron
I ddofi ei hynni, i ddifa heniaith
A hen arferion ei chynnar fore.

Argoed, Argoed y mannau dirgel …
Onid yno y ganed awenydd,
Hwnnw a ganodd ei hen ogoniant,
A drodd hanesion dewredd hen oesau,
Geiriau y doethion a'r gwŷr da hwythau,
A dirgel foddau[**] eu mydr gelfyddyd,
Yn newydd gân a gynyddai ogoniant
Ei wlad a'i hanes, a chlod ei heniaith?

A balch oedd Argoed fyned ei phrydydd
I lysoedd Gâl a seddau ei golud,
Yno er adrodd cadarn wrhydri
A moesau arwyr yr hen amseroedd,
Hen ogoniant a rhamant ei genedl
A hwythau'r duwiau yn rhodio daear.

---

[*] 'dyhead'.
[**] 'dulliau', 'cyfryngau'.

Argoed, Argoed y mannau dirgel,
Dirfawr o ddydd fyddai'r dydd y dychwelai
Hwnnw yn ei ôl gan ddwyn ei wala
O roddion a bri, oedd iawn wobrwyon
Y newydd gân a luniodd i'w genedl
Yn nistaw ddirgel fforestydd Argoed,
Argoed, Argoed y mannau dirgel.

III
Am ennyd y safodd mewn dwys ofid,
Fel un a wynebo flin anobaith,
Canys yn ei galon y noswaith honno,
Yntau a wybu am byth fynd heibio
Hen ogoniant a rhamant ei genedl, –
Efô, a ganodd ei phrif ogoniant,
A drodd hanesion dewredd hen oesau,
Geiriau y doethion a'r gwŷr da hwythau,
A dirgel foddau eu mydr gelfyddyd,
Yn newydd gân a gynyddai ogoniant
Ei wlad a'i hanes a chlod ei heniaith –
Yn ofer aethai ei lafur weithion,
O dynnu Gâl dan wadnau ei gelyn,
A dyfod ystryw a defod estron
I ddofi ei hynni, i ddifa heniaith
A hen arferion ei chynnar fore;

Na'i ddull na'i iaith ni ddeallen' weithion,
Am ei ganiad ni chaffai amgenach[*]
Na thaeog wên wrth ei chwith oganu
Â di-raen lediaith o druan Ladin –
Yn ofer aethai ei lafur weithion!
Natur bod taeog yn daeog? Diau.
A wertho'i ran, eiddo'r gwarth ... Er hynny ...
A glywid yn Argoed freg[**] Ladin ŵyrgam
Genau halog[***] y taeog annheilwng?
A ddôi yno do[****] na byddai'n dyall
Geiriau y doethion a'r gwŷr da hwythau?
A ddôi yno ben ar ddawn a bonedd
A moesau glân, rhag gormes gelynion?
A bregliach bas yn lle iaith urddasol,
A budron anwiw lle bu dewrion unwaith?

◆ ◆ ◆

IV
A ched[*****] o Argoed a archwyd,[******] deirgwaith,
A hithau, deirgwaith, a wrthyd[*******] Argoed,
Canys Argoed erioed ni roddes anrhydedd
I rymus dieithr na gormes daeog;

---

[*] Hynny yw, 'ni châi ddim heblaw'.
[**] 'brad', 'twyll'.
[***] 'ceg fudr, amhur'.
[****] Hynny yw, yn yr ystyr trosiadol, 'cenhedlaeth', fel yn yr ymadrodd 'y to iau'.
[*****] Teyrnged ar ffurf rhodd neu anrheg.
[******] 'a orchmynnwyd', 'a hawliwyd'.
[*******] 'a wrthododd'.

Hyd eithaf Argoed yr aeth heb oedi
Y gair, a dilys pob gŵr o'i deiliaid;
A farnwyd, barnwyd heb un a'i croesai,
A barwyd, beiddiwyd, heb un a rusodd ...
Ni chaed, er ystryw, na ched i'r estron,
Na da nac ysbail, na dyn i'w gosbi,
Yno ni welid ond un anialwch –
Rhyw wast o ludw lle bu fforest lydan.

V
Argoed, Argoed y mannau dirgel,
Ble'r oedd dy fryniau, dy hafnau dyfnion,
Dy drofâu tywyll, dy drefi tawel?

Tawel dy fyd nes dyfod dy dynged
Hyd na welid o'i hôl ond anialwch
Du o ludw lle bu Argoed lydan.

Argoed lydan ... Er dy ddiflannu,
Ai sibrwd nerth dy ysbryd anorthrech
O ddyfnder angof a ddaw pan wrandawer ...

Pan fud wrandawer di-air leferydd
Y don o hiraeth yn d'enw a erys,
Argoed, Argoed y mannau dirgel?

Llyfrau

(*1929*)

Hen gymdeithion mwynion, mud,
Nad ydych yn dadwrdd na symud,
   Gwneler a fynner drwy fyd,
    Ni phoenwch mewn un ffunud.

Y doethaf o'ch cymdeithas
Ni omedd* yn ei ymyl drigias**
   I lyfran*** o druan dras
    Nag i ddieflyn go ddiflas.

Ni liwia un o lawer
A gafodd bob gofal a mwynder
   I adyn gwael fu'n dwyn gwêr
    Yn o salw yn y seler.

A fo Roeg, a maint fo rhin
Ei darddiad, neu awdurddoeth Ladin,
   Heb ias o wawd i'w dlawd lin,
    Caiff frawd o iaith gyffredin.

Yn ddoeth ac annoeth, geni
Diobaith yw dybio eich colli;
   Beth a wnâf pan fyddaf i
    Heb hanes o'ch cwmpeini?

---

*   Sef 'nid yw'n gwrthod'.
**   'cartref', 'trigfan'.
*** 'llyfr bychan'.

Y Tro Olaf

(*fy nhad, a fu farw yn 1929*)

Safai a'i bwys ar y pennor,[*]
   a threm bell synn yn ei lygaid,
Gweddill y corff gosgeiddig,
   darn o'r cadernid a fu,
Minnau, fel popeth, yn myned
   a'i ado'n hen ac yn unig,
Gwyddwn na welwn eilwaith
   byth mo'i ardderchog ben;
Llosgai y tân yn y llygaid
   yn isel y noswaith honno,
Atal ar lymder y deall,
   cur yn cnoi trysor y cof;
Chwerwach na difod[**] yw'r chwarae
   sy'n cnewian y cnawd bob yn ronyn,
Onid cynysgaeth fo hynny
   at raid y meddylfod rhydd.

---

[*]   Llidiart bach neu glwyd.
[**] 'diflaniad' neu 'peidio â bod'.

Y Saig

(*1934/35*)

Dim ond dy ben, ar ddysgl ar y bwrdd,
ynghanol y letus gwyrdd,
a'r gweddill wedi mynd i gegau eraill.
Dy lygad marw, oddi tan ei ffenestr welw,
megis merbwll bach tan rew,
a'th safn yn llydan agored,
wedi sefyll,
yn ystum rhyw chwerthin chwith –
fel pedfai digrif* gennyt ti
dy dynged, wedi dianc yn dy dro,
rhag miloedd safnau'r môr,
dy ddal gan bryfyn tir,
a'th dreisio di i'th drwsio â dail, mor dwt,
wrth grefft y cogydd coeth
i blesio blys y safn a'r dannedd gosod,
a'r llygaid, hwythau tan eu gwydrau gwneud,
a fynn bob saig y sydd o dir a môr,
cyn mynd yn saig ei hun i bryfed llai.
Ac onid digrif hynny?
Diau. Chwardd.

---

*   Hynny yw, fel petai'n ddigrif.

Cynddilig

(*detholiad*)

'Nyd [neud?] uid yscoleic, nid vid eleic,
vnben nith elwir in dit reid.
och, Kindilic, na buost gureic'
        Llyfr Du Caerfyrddin, LIVb, 13–14

'Tec yd gân ir adaren
ar p*er*wit pren vch pen Gwên'
        Llyfr Du Caerfyrddin, LIV, 6–7

I
Daeth distawrwydd y nos dros y rhosydd
cyn i'r adar rhaib a'r cŵn o'r drum,
drosodd, y tu hwnt i'r afon a'r drysi,
lenwi maes y celanedd
â chymysg lefau eu hawch am ysglyfaeth.

Ni ddôi eto un sŵn o ddeutu, na si,
onid o fwrlwm y dwfr ar Ryd Forlas,
yn ymgodi fel sŵn wylo mygedig
neu lwnc anadl un a fai lawn cyni.

A goleuni claf gwelw ieuanc loer,
yn rhoi hud ar y tir drwy adwyau'r tarth,
i'r fan y doi rhyw fynach,
parth â'r rhyd* o'r perthi a'r rhedyn,
yn araf, wyliadwrus.

---

*   'tua'r rhyd', 'i gyfeiriad y rhyd'.

Esgynnodd i ben yr hen gaer wrysgennog*
yn yr hafn rhag genau'r rhyd;
yno, disyfyd y safodd ...
un dyn ar yr wylfa nid oedd.

Edrychodd dros arian drochion
y dwfr ar y rhyd a'i ferw rhyn,
yna, ar y lan a'i chor-lwyni.

Drosodd, y tu hwnt i'r afon a'r drysi,
udai'r cŵn a galwai adar y coed,
ond o ddeutu'r rhyd nid oedd trydar
un aderyn blin na chyfarthiad oer un blaidd;
a gelyn nid oedd yn y golwg,
na gwyliwr unig i lawr yno.

Yntau'r mynach wedi tremio ennyd
a gwrando ar lif a grŵn y dŵr a'i lwnc,
disgynnodd o'r gaer yn araf ac yna safodd
wrth y rhyd ac yno, ar wartha'r rhedyn,
gwelai yn ei ŵydd ddwy gelain oer;
twr o belydr wedi eu torri yn y frwydr a
                                      dwy darian friw;
a dagr y naill ŵr hyd garn yn y llall.

---

* 'blagurog', 'eginog'.

Daeth un isel lef dros ei wefus;
ymgroesodd;* anadlodd yn hir.

Yna gloywodd y lloer nes goleuo
un o'r ddau wyneb oer,
a'r mynach, wedi'r drem honno,
iddo ni ddôi na'i weddïau
na gair, namyn sibrwd 'Gwên!'

Gwên fab Llywarch Hen ei hunan
a'i elyn ef ger ei law, yn oer,
ei elyn olaf,
gwas gosgeiddig, fel Gwên,
mab i dywysog o'r Mers ...
chwiliwr ni ddychwelai
tua'r Mers o'i antur, mwy.

Ac yn ei ddolur penlinodd Cynddilig,
yn fud yn y fan,
wrth y rhyd ar wartha'r rhedyn,
a'r gwaed, oedd wedi ceulo ar y gwellt.

Ac yn ysig cymerth** i'w law ac anwesodd
law Gwên, na thorres erioed lw â gŵr,
bid gâr, bid esgar,*** eithr bu diysgog,
yn y dyddiau mwy nid oeddynt;

---

*   'gwnaeth arwydd y Groes'.
** 'cymerodd'.
*** 'gelyn' neu 'estron'.

oer oedd hi, a'r rhudd waed
yn ei law ei hun a lynai,
olaf anwyliad, gwystlad y gwaed
er ing oer angau,
braint brawd.

Gwên! ...
Ni ddoi un wên dros ei wyneb,
mwy, er na thad na mam
na brawd o'r un bru,[*]
na gwg, er na gelyn na'i gas.

A'i elyn o hyd ger ei law yn her,
yn her i boen hiraeth,
i gywiriaid[**] bro, i gariad brawd,
i frawd er a ddiofrydodd[***] ...

Ac yn ei ddolur bu gof gan Gynddilig
y dydd y llefarodd ei dad
y gair hwnnw, yn ei gur a'i henaint,
yn ei lid pan ofidiodd
eni iddo ef, yn ei hen ddydd,
fab na wyddai efô
dynnu cledd, namyn oedi yn y clas
yn ei ddihewyd a'i weddïau,

---

[*] 'croth'.
[**] 'rhywun sy'n deyrngar' yw'r ystyr yma.
[***] Hynny yw, er yr hyn a wrthododd neu a wadodd.

a'i frodyr i gyd yn y frwydr goch,
meibion eu tad yn ei rym a'i obaith,
ei ddewredd yn nyddiau ei wryd,
rhai a drengai yn y rhaid a'r angen ...
'Och, Gynddilig, na buost wraig!'

◆ ◆ ◆

IX
Torri o sgrech ar y distawrwydd
a throsodd o'r llethr isod
i mewn i gysgod y mur
fel ergyd y daeth rhyw gaethes,
a honno'n dyheu am ei hanadl,
a'i gwisg yn goch gan ei gwaed.

Safodd, â chri o ddeisyfiad,
yna, wrth draed yr henwr,
a'i dwylaw ymhleth, ar ei deulin
y gwyrodd, ac ni thawai â gerain[*]
gan ei hing ac yn ei hofn.

Ac ar ei hôl yn greulon
wele dorf â gwaedlyd arfau
o wŷr y Mers yn adwy'r mur.

---

[*] 'llefain', 'crio', 'nadu'.

Ac â'r rhai blaenaf yn arafu,
un a'i saeth ar ei linyn
a'i olwg ar y gaethes welw,
cerddodd y mynach i'w cwrddyd
a safodd rhyngddi hi a hwy.

Safodd gwŷr y Mers hefyd
a'u golygon yn gwylio o ogylch,
yn barod rhag bod rhyw berygl.

A chyfododd y mynach ei law a gofyn yn dawel:
'Ai camp gennych ymlid y caeth
a gorfod* ar y sawl ni ddwg arfau?
ai hyn fydd eich defod a'ch hanes?'

Hwythau, tewi a wnaethant
yn eu syndod, canys undyn
ni safai rhag nifer a'u herio,
heb arf yn y byd,
heb nac ofn na bod iddo neb yn gyfnerth ...
ai dewr ai ynfyd oedd?

A'r mynach, wedi arhoi** am ennyd
wyneb yn wyneb â hwy,
a droes at y gaethes ac a drwsiodd
y brath oedd drwy fôn ei braich.

---

*   'trechu', 'cael y llaw uchaf'.
** 'aros', 'oedi'.

Ac o'i weled, gan ryw fud gywilydd,
a ddaw dros ddyn
o flaen gŵr heb ofal nac ofn,
araf gilio o'r dorf fygylus[*]
a myned rhwng y meini
rywdro a roed i ddiffryd yr adwy,
o'r golwg, tua'r gwaelod,
onid un, a oedai yno,
ar odre maen ar gyfer adwy'r mur.

Ennyd a fu nad oedd hwnnw
ar ei lin a'i saeth ar ei linyn,
a drwg yn ei drem;
a thynnodd ei fwa a chymerth annel,
yna gollyngodd; suodd a suddodd y saeth
i mewn drwy bwll calon y mynach.

A'r rhyswr[**] nid arhosodd,
namyn llercian ymaith.

Yntau Gynddilig, heb gymaint ag un ddolef
na gair, yn ei loes ymgroesodd
a chrynodd, a breichiau'r henwr
yn ei ddal.
     A threngodd Cynddilig.

---

[*]   'bygythiol'.
[**] 'rhyfelwr'.

X
A'r hen ŵr yn ei wae,
heb un mab o'i feibion, mwy,
dyrysai, ymsoniai'n syn:
'Gynddilig! dy gwyno oedd ddyled;
yn d'olwg ni safai d'elyn,
a chan buost fab im ni thechaist;[*]
ofered fu roi dy fywyd
er mwyn fy nghaethes o'r Mers! ...
och, Gynddilig, na buost unben
a elwid yn nydd rhaid,
ti, nad eiddot oedd
nac arf
nac ofn!'

A thraw yn yr aither[**] rhydd,
nofiai tair colomen wen wâr.

---

[*]   Hynny yw, 'ni wnaethost ffoi neu gilio'.
[**] Sef yr 'ether': yr awyr uchaf, elfen annaturiol.

Dynoliaeth

(*detholiad*)

Ag Ewrop yn ei gwaed yn gorwedd,
ei dinasoedd yn dân eisioes,
a'i gwerinoedd yn ymgreinio[*]
gan newyn a dig, a'r gwenwyn dawch
yn toi ac yn mygu'r minteioedd …
ymdroes eu mud reddf,
dyfnaf greddf eu defnydd,
honno a ŵyr ei hunan
mai rhaid yr hil yw cymryd a rhoi;
honno a ymdroes ei hunan,
onid oedd gnawd a gewynnau
yn ddur gan gynddaredd …

Un hwyr yng ngweddillion dinas hen
a welodd rysedd ac aflwydd yr oesau,
yr oedd y gwŷr a wyddai gynt
orfod ar y miliynau anarfog
bellach yn ymbwyllo,
rhag angau yn ceisio rhyw gyngor,
canys mwy nid oedd un cyni
nac un rhyfyg yn hwy a arafai
haint ufel[**] y nwyd gyntefig,
y tân a gyneuasant hwy.

---

[*]   'ymgrymu', 'plygu', 'gwingo mewn poen'.
[**] 'tân', 'ffrwydrad'.

Hi a ddaeth, ac er nad eiddi hi
na gynnau nac eirf[*] na gwenwyn,
nid oedd ychwaith na dyfais nac un dim
a dorrai ei chwlwm na'i dewredd,
a wahanai ei myrdd nac a'u rhannai mwy.

A'r gwŷr yn y cyffro gynt
a welodd, drwy ddiddim hualau
y rhamant hen a rwymai
raddau yr hen wareiddiad,
nwydlyd gasineb ei genhedloedd
a'i ynfydion ddefodau,
ac a wybu, pan ballodd gobaith,
roi eu bryd drwy rym ar eu brodyr,
mwy ni wyddent un modd
i dawelu'r nwyd a'r dialedd.

Dianc nid oedd mwy rhag y dial
o ddinas i ddinas a ddywanai,[**]
o wlad i wlad a ymledai,
a gynyddai yn gynne oddaith[***]   .
o ddydd i ddydd, ac nad oedd eiddynt
na dyfais na grym a'i dofai;

---

[*]   'arfau'.
[**] 'a ddeuai' neu 'a wibiai'.
[***] 'tân', 'coelcerth'.

ni thrôi unwaith o'i lwybr na thruanu
yn un man na phetruso, mwy,
yn ei ruthr rhag un anwar weithred,
yn ei dro, o'i ddysgu yn y drin,
a'i droi'n un drwy ei wae a'i nwyd …

Un hwyr yn y ddinas hen,
mewn rhyw adfail ger min y rhodfa
yr âi Sant Pedr ar ei hyd ryw hwyr
i ffwrdd o'r hen ddinas ar ei ffo
a gweld ei Arglwydd yno yn y gwyll,
yn cyrchu ei hun tua'r carchar
a'r ing a'r angau
yn y ddinas hen a fyddai ei hanes o,
y gwas, a droesai arni ei gefn –
a thorri i wylo ohono a throi eilwaith
yn ei ôl yn wylaidd,
yno i gyfarfod â'i dynged ei hunan –

Yno, yn yr adfail, yr oedd mynach unig,
gwaraidd, yn darllen geiriau
yr hanes digymar hwnnw,
yn sŵn y ddinas honno
a'i gwae tragywydd …

A gŵr a ddaeth ato i'r gell,
yntau ar ffo wedi llawer antur,
a'i wedd yn welw ac yn waed.

A mwyn a thrugarog oedd y mynach,
gŵr megis ei Arglwydd gynt;
a thosturiodd yn ei galon wrth ystori
druenus y ffoadur hwnnw,
nad oed mwy onid diddim oll,
heb un man lle byddai unben, mwy.

A'i gelu a wnaeth y mynach mewn man o'r golwg,
yna eistedd a darllen yn astud
wrth ei ddôr yng ngoleuni'r goelcerth oedd hwnt
yn ysu mam y dinasoedd,
a'i chofion a'i chyfoeth
yn lludw llwyd.

Aeth yn nos ...
    ac yno ni ddaeth neb
ar drywydd y ffoadur druan ...
mwy nid oedd namyn dim,
namyn dim yn namwain y dymestl.

I mewn yr aeth yntau'r mynach,
a galw ar y gŵr oedd yno o'r golwg ...

Gair o'r fan yr oedd yn gorwedd
ni ddaeth.
    A mwy ni ddôi.

Yr Hen Actor

Nid oeddem ond ieuainc, os teimlem yn hŷn,
A daethom mewn amser yn iau, os yr un;
Pan welais ef olaf, a chydlawenhau,
Os hŷn oeddwn i, aeth yr actor yn iau.

Yn ieuanc fe'i gwelais yn troi yn hen ŵr,
Pob golwg a goslef ac osgo yn siŵr,
Yn dwysog urddasol, yn dlodaidd ei lun,
Ni'n twyllai ni chwaith – argyhoeddai bob un.

Am dro Dros-yr-Aber rwyf heno fy hun ...
Ai fo sydd yn dyfod? ... Mae'n debyg ei lun;
Efô. Ond mi welaf, o wylio ei wên,
Nad yw ac na bydd-o byth eto yn hen.

NODIADAU
AR Y CERDDI

In Memoriam
Cerdd er cof am Thomas Edward Ellis (Tom Ellis), 1859–1899, Aelod Seneddol Rhyddfrydol Meirionnydd ac arweinydd mudiad Cymru Fydd. Bu farw yn ddim ond deugain oed a gydag ef y bu farw gobeithion nifer am ennill mesur o ymreolaeth neu 'Home Rule' i Gymru. Awgrymodd rhai fel M. Wynn Thomas y posibilrwydd mai ef yw 'Arthur' yng ngherdd fawr gyntaf T. Gwynn Jones, 'Ymadawiad Arthur'.

I'm Merch Fach yn Flwydd Oed
Ganed merch fach o'r enw Eluned i T. Gwynn Jones a Margaret, ei wraig, ar 5 Mehefin 1900. Fe'i cyfansoddwyd, felly, ym Mehefin 1901.

Ymadawiad Arthur
Dyma'r awdl a enillodd i T. Gwynn Jones ei Gadair Genedlaethol gyntaf, a hynny ym Mangor, yn 1902. Nid oedd Gwynn ei hun yn bresennol yn y seremoni; nid oedd y bardd buddugol yn cael gwybod ymlaen llaw y dyddiau hynny, a gwrthododd Gwynn gredu'r sïon ei fod wedi ennill gan fynd i briodas yn Ninbych yn lle hynny.

Mae'r awdl ei hun yn adrodd hanes y chwedl am y Brenin Arthur a gafodd ei glwyfo'n angheuol ym mrwydr Camlan. Caiff ei gario gan farchog a gwas ffyddlon iddo, Bedwyr, o faes y gad, ac mae Arthur yn rhoi gorchymyn i Bedwyr gyrchu ei gleddyf, Caledfwlch, a'i daflu i'r llyn. Ddwywaith mae Bedwyr yn mynd yn groes i ddymuniad y brenin, gan guddio'r cleddyf a dweud celwydd wrth Arthur fod y gorchwyl wedi'i gyflawni. Gŵyr Arthur nad yw hynny'n wir; y trydydd tro fe ufuddha Bedwyr. I'r golwg dros y dŵr daw llong a morynion arni sy'n dod i gyrchu Arthur i Afallon. Dyna pryd y cawn yr hir-a-thoddeidiau enwog o eiddo Arthur yn disgrifio Afallon i Bedwyr.

Yn y detholiad hwn o'r awdl, cawn yr agoriad a gorchymyn cyntaf Arthur, yn ogystal ag ymresymu Bedwyr ag ef ei hun wrth benderfynu peidio ag ufuddhau. Yna neidiwn at weithred Bedwyr wrth iddo daflu'r cleddyf, ac yna'r rhianedd yn dod i gyrchu Arthur cyn iddo ffarwelio â Bedwyr. Efallai nad ydym yn cofio, bob amser, fod darn yn dod ar ôl yr hir-a-thoddeidiau enwog, a bod yr awdl yn cloi wrth i Bedwyr ddychwelyd, ei hun, 'at y drin [...] draw'.

Penillion Pawb
Cyfres o benillion ysgafn, dychanol yw'r rhain sy'n amlygu ochr fwy crafog a deifiol, ar brydiau, o waith T. Gwynn Jones. Cameos neu frasluniau byrion o wahanol 'deipiau' o bobl yw'r rhigymau hyn, a dyma ddethol ambell un o ddilyniant ohonynt a gyhoeddwyd yn *Gwlad y gan a chaniadau eraill* (1902). Roedd y penillion wedi'u cyhoeddi'n wreiddiol yn *Papur Pawb*, papur newydd ysgafn y bu'r bardd yn ei olygu ac yn cyfrannu ato.

Cymru Fo Am Byth
Cynhaliwyd y Gyngres Geltaidd yng Nghaernarfon yn 1904, a bu T. Gwynn Jones ei hun yn chwarae rhan frwd yn y trefniadau. Daeth cynrychiolwyr o bob un o'r gwledydd 'Celtaidd' eraill i gymryd rhan mewn llu o wahanol weithgareddau. Cyfansoddodd T. Gwynn

Jones y pennill macaronig hwn i gofio'r achlysur ac fe'i cyhoeddwyd yn rhifyn y Gyngres o *Celtia*, cylchgrawn y Gymdeithas Ban-Geltaidd. Uwchben y pennill, ceir y nodyn hwn gan y golygydd: 'Mr T. Gwynn Jones, who brought the Congress to Carnarvon, celebrated the fruition of his labours by constructing the following ingenious *pot-pourri*'. O ran yr ebychiad 'Cymru fo am byth', fersiwn bras o'r ebychiad hwn a geir trwy'r pennill, ond gan gyfnewid cenedl y siaradwr: Llydaw yn gyntaf, yna Ynys Manaw, Iwerddon, ac yna'r Alban. Bu cryn helynt yn ystod y Gyngres ac wedyn oherwydd y dadlau a ddylid estyn gwahoddiad i Gernyw ai peidio; gan y teimlid eu bod wedi colli eu hiaith, y Gernyweg, roedd cwestiwn a ddylid eu cynnwys.

Tunis
Yn 1905 treuliodd T. Gwynn Jones gyfnod yn yr Aifft ar gyngor ei feddyg, er mwyn ei iechyd. Trefnwyd tysteb iddo gan drigolion Caernarfon i dalu am gostau'r daith. Ffrwyth profiadau'r daith honno yw'r gerdd hon, 'Cairo' a 'Gwlad y Tylwyth Teg'.

Y Dysgawdr
Cerdd er cof am Emrys ap Iwan (Robert Ambrose Jones, 1848–1906); llenor, beirniad ac awdur a oedd yn lladmerydd tanbaid dros yr iaith ac yn ffigwr allweddol o fewn cenedlaetholdeb Cymraeg diwedd y bedwaredd ganrif ar bymtheg (Llwyd 2019: 37). Roedd ei ddylanwad ar T. Gwynn Jones yn aruthrol, a Gwynn a ysgrifennodd y cofiant meistrolgar, swmpus iddo erbyn 1912. Roedd

hon yn un o sawl marwnad i ffigyrau cyfoes a mwy hanesyddol ('Cerddi Ddoe' a 'Cerddi Heddiw') a gasglwyd ynghyd a'u cyhoeddi yn agos at ddiwedd *Ymadawiad Arthur a Chaniadau Ereill* (1910). Yr hyn sy'n neilltuol o ddiddorol am y gerdd yw'r nodweddion a'r rhinweddau a ganmolir gan y bardd, a'r modd y gwêl y dysgawdr fel un a roes gymaint i'w wlad a'i iaith ond a gafodd ei wrthod ganddynt. Hawdd y gallesid credu, flynyddoedd yn ddiweddarach, mai am T. Gwynn Jones ei hun yr ysgrifenasid y gerdd.

Y Gwladgarwr

Un arall a fu farw yn 1906 oedd Michael Davitt (1846–1906), gweriniaethwr Gwyddelig a ymgyrchai dros 'Home Rule' a Phwnc y Tir. Bu'n aelod o'r IRB ac yn Aelod Seneddol dros Blaid Seneddol Iwerddon. Daeth torfeydd anferth allan i ddilyn taith ei arch ddydd ei angladd. Bu Iwerddon yn destun edmygedd a dylanwad ar T. Gwynn Jones gydol ei oes, o ran ei diwylliant a'i llenyddiaeth ganoloesol, ond hefyd o ran y gwladgarwch a'r cenedlaetholdeb cyfoes a welsai yn dwyn ffrwyth gwaedlyd yn ystod ei fywyd.

Penmon

Mae'r cywydd hwn yn adrodd hanes taith T. Gwynn Jones a'i gyfaill, W. J. Gruffydd (1881–1954), y llenor a'r ysgolhaig, a hanai'n wreiddiol o Fethel ger Caernarfon, i Benmon ar Ynys Môn yn 1906. Yno saif Priordy Penmon, mynachdy a sefydlwyd yn wreiddiol yn y chweched ganrif. Roedd W. J. Gruffydd yn athro ym Miwmares

gerllaw ar y pryd. Daeth yn gyfeillgar â T. Gwynn
Jones pan oedd hwnnw'n byw yng Nghaernarfon,
a chafodd weld drafft o 'Ymadawiad Arthur' yn fuan
cyn ei hanfon i'r gystadleuaeth yn 1902.

Dafydd ab Edmwnd
Un o feirdd yr uchelwyr (*fl.* 1450–1497). Roedd yn
uchelwr a ganai ar ei fwyd ei hun ac roedd yn feistr ar
genre y canu serch. Mae'n enwog hefyd am ennill y Gadair
yn Eisteddfod Caerfyrddin yn 1451 ac yn ôl y traddodiad,
ef a roddodd drefn derfynol ar y pedwar mesur caeth
ar hugain. Hanai o Faelor Saesneg, ac yn ôl Alan Llwyd
deillia'r gerdd hon o brofiad a gafodd T. Gwynn Jones
wrth ymweld ag ardal ei gartref ym mis Hydref 1908:
'daeth i sylweddoli, ar ôl holi rhai o blant yr ardal, fod
y Gymraeg wedi ei cholli yno, ac ni wyddai neb un dim
am Dafydd ab Edmwnd na'i waith' (Llwyd 2019: 250).

'Pro Patria!'
Cerdd a gyhoeddwyd yn *Y Beirniad* yn rhifyn y
gwanwyn, 1913. Yn ddifyr, ni chafodd ei chynnwys
yn netholiadau diweddarach T. Gwynn Jones o'i waith,
megis *Detholiad o Ganiadau*, *Caniadau* na *Manion*. Yn
wir, mae hi'n gerdd dra gwahanol i'r hyn y byddem yn
ei ddisgwyl ganddo o ran ieithwedd, arddull a chynnwys,
ac yn awgrym o drywydd arall y gallasai ei awen ei
ddilyn mewn amgylchiadau eraill. Nid pawb chwaith
a fyddai'n cytuno â honiad Alan Llwyd nad 'oedd i'r
gerdd werth parhaol' (2019: 297). Yn wir, credai John

Rowlands fod ynddi enghreifftiau o 'arddull gyhyrog, feiddgar a chwbl ddi-gyfaddawd' (Rowlands 1983: 78).

Y Bedd

Cerdd arall o'r flwyddyn 1913 a cherdd sy'n enghraifft wych o feistrolaeth T. Gwynn Jones ar dechneg ac ar amrywiaeth o fesurau. Soned Betrarchaidd ydyw yn ei chyfanrwydd, ond o fewn y mesur hwnnw ceir dau englyn unodl union cyflawn hefyd. Yn yr wythawd y'u ceir, ar ddechrau pob llinell; dyma'r cyntaf:

> Y Bedd, ddu annedd unig, ynot ti
> Is tawel ywen frig   [mae huno mwyn;]
> Angof a ddaeth ar ing fu ddig,   [a chŵyn;]
> Arefi bob rhyw ryfig;

Cân y Medd

Anfarwolwyd y gerdd hon wrth i Dafydd Iwan ei recordio ar gân.

Am Ennyd

Cerdd a gyfansoddwyd yn dilyn Tanchwa Senghenydd ar 14 Hydref 1913, fel y cadarnhaodd R. I. Aaron yn y rhifyn coffa o'r *Llenor* (Aaron 1949). Synhwyrodd beirniaid fel Derec Llwyd Morgan a John Rowlands yr awgrym o lais ac arddull mwy hagr ac uniongyrchol – modernaidd, hyd yn oed – mewn cerddi o'r fath (gweler cerddi diweddarach fel 'Y Weledigaeth' hefyd), ond gan deimlo na chyflawnodd y bardd mo'r addewid hwnnw'n llawn.

Senghenydd

Cerdd arall a ysgogwyd gan drychineb Senghenydd ar 14 Hydref, 1913 (cyfansoddwyd y gerdd hon yn 1914). Collwyd 439 o ddynion a bechgyn yn y ddamwain.

Tír na nÓg

Un o gerddi mawrion T. Gwynn Jones sydd â'r isdeitl 'Awdl delynegol at beroriaeth'. Mae hanes go faith a difyr i'r gerdd hon a'r broses o'i chyfansoddi. Yn 1916 y'i cwblhawyd ond roedd ar waith er 1910 o leiaf, a chafodd ei diwygio drachefn gan T. Gwynn Jones yn 1925. Fel *libretto* yr ystyriai ef hi ac fe gyfansoddwyd cerddoriaeth iddi gan David de Lloyd. Ceir rhagor ar hanes ei chyfansoddi gan Elen Ifan (2014: 87–111). Yn ôl y chwedl Wyddelig, caiff Osian (Oisín) ei gario i ffwrdd gan Nia (Niamh) i Wlad yr Ieuainc (Tír na nÓg) ar ôl iddo syrthio mewn cariad â hi. Yno arhosant yn fythol ieuainc am gannoedd o flynyddoedd, ond deil Osian i hiraethu am Iwerddon. Caiff gennad gan Nia i deithio'n ôl i Iwerddon ar gefn march gwyn, ond mae hithau'n ei siarsio na all ei draed gyffwrdd â'r ddaear, neu torrir y swyn a bydd farw yn y fan. Daw ar draws criw o ddynion sy'n ceisio ailgodi adfeilion, ond wrth geisio'u helpu fe dyr y cyfrwy ac fe syrthia ar lawr, gan droi'n hen ddyn musgrell a dall, cyn marw.

Yn y detholiad hwn gwelwn ddarn o'r rhan gyntaf lle mae Osian yn mynegi ei hiraeth a Nia'n ei rybuddio am y tro cyntaf. Yna yn y drydedd ran daw i gyfarfod â'r dynion, cyn ceisio'u helpu, syrthio, marw, a chael ei gludo ymaith gan y morynion.

Hen Fynyddwr
Cerdd seml, delynegol, ramantaidd hyd yn oed; ond mae'r ail bennill yn ddifyr ac arwyddocaol gan i'r gerdd gael ei chyfansoddi yn ystod y Rhyfel Byd Cyntaf.

Mater Dolorosa
Teitl Lladin sydd i'r gerdd hon a gyfansoddwyd yn 1916. Fe'i cyfieithir i 'Mair y Gofidiau' ac mae thema'r Forwyn Fair ofidus yn un gyfarwydd iawn mewn celf a llenyddiaeth ar hyd y canrifoedd. Yn y gerdd hon, fodd bynnag, cerdd a gyfansoddwyd yng nghysgod y Rhyfel Byd Cyntaf, y mamau sy'n ymbil ar Fair am dosturi.

Madog
Cerdd a gyfansoddwyd yn 1917–1918, ac mae ôl dylanwad y Rhyfel Byd Cyntaf yn drwm arni. Myfyrdod ar oferedd a gwallgofrwydd rhyfel ydyw, gan ddefnyddio chwedl am frodyr yn ymladd â'i gilydd i bortreadu hyn. Wrth iddo wylio'i frodyr, meibion Owain Gwynedd, yn lladd ei gilydd mewn brwydrau ffyrnig ar y môr, ac wrth iddo ymddiddan â'r mynach Mabon, daw Madog i sylweddoli oferedd y brwydro ac i gwestiynu ei deimladau a'i reddfau gwladgarol ei hun. Dyheu a wna yn lle hynny am gael dianc i dir paradwysaidd ymhell o'r ymladd – yn debyg, mewn gwirionedd, i'r modd y datganodd T. Gwynn Jones mai ymgais i ddianc 'rhag erchyllterau'r cyfnod' oedd y weithred o gyfansoddi'r gerdd yn y lle cyntaf. Yn sylfaenol wahanol i gerdd fel 'Ymadawiad Arthur', fodd bynnag, nid yw'r arwr yn llwyddo i gyrraedd yr ynys baradwysaidd:

daw'r gerdd i ben yn gymharol ddisymwth wrth i'w long, Gwennan Gorn, suddo. Mae'r gerdd yn nodedig hefyd am ei ffurf, gymaint felly nes i'r mesur ddod i gael ei adnabod yn 'fesur Madog' maes o law. Yr englyn unodl union yw sail y mesur, ond bod y brifodl wedi ei thynnu ymaith a phedair llinell fer wedi'u troi yn ddwy hir; canlyniad y cyfan yw'r hyn y dymunai T. Gwynn Jones ei gael, sef math ar fesur 'epig' tebyg i fesurau clasurol barddoniaeth Roeg.

Yn y detholiad hwn, cawn yr agoriad wrth i Fadog alaru am ei dad a hiraethu am ei hen athro, y mynach. Yn yr ail ran, rydym ynghanol y drin, wrth i Fadog weld ei frawd, Hywel ab Owain Gwynedd, yn cael ei ladd o flaen ei lygaid. Yn y trydydd caniad cawn glustfeinio ar ymddiddan Madog a Mabon, wrth i Madog resynu at oferedd rhyfel a moethau'r byd, a gresynu na fyddai rhyw ddihangfa oddi wrthynt i'w chael. Yna yn y caniad olaf, daw'r tawelwch annaearol cyn y storm, cyn i'w rhyferthwy daro a dinistrio'r llynges. Llong Madog yw'r olaf i suddo, ac wynebir angau'n stoicaidd wrth i'r mynach dorri arwydd y groes uwch pen Madog, sydd ar ei liniau. Wedi holl gythrwfl a thwrw'r gerdd, mae'n nodedig mor ddistaw a llonydd yw'r suddo olaf, araf hwnnw.

Rhos y Pererinion
Sef Ros Ó gCairbre (neu *Ros Ailithir*) yn Swydd Corc, Iwerddon. Sefydlwyd canolfan ddysg fynachaidd yno oddeutu'r chweched ganrif.

Ystrad Fflur

Un o delynegion mwyaf adnabyddus T. Gwynn Jones, o bosibl. Cerdd i Abaty Ystrad Fflur (Strata Florida) ger Pontrhydfendigaid ydyw ac fe'i cyfansoddwyd yn 1920 wedi i T. Gwynn Jones ymweld â'r fynachlog pan oedd ar ei wyliau yn Ystrad Meurig.

Be Nas Prididd Arall

Cyhoeddwyd y gerdd hon yn *The Welsh Outlook,* IX (1922: 58), o dan ffugenw sef 'Navakavi'. Yn ôl *Llyfryddiaeth T. Gwynn Jones* (Roberts 1981: 21), T. Gwynn Jones oedd y gwir awdur; roedd golygydd y gyfrol honno, D. Hywel E. Roberts, yn adeiladu ar waith cynharach T. Gwynn Jones ei hun yn ogystal ag Owen Williams a David Thomas. Cafodd y gerdd ei hatgynhyrchu yn *Cyfres y Meistri* dan olygyddiaeth Gwynn ap Gwilym (1982: 480–81). Dyma gywydd arall sy'n amlygu hoffter y bardd o ddychan, tynnu coes a dynwared. Math ar gywydd 'tro trwstan' mewn tafodiaith ddeheuol chwyddedig ydyw.

Anatiomaros

Un arall o gerddi 'mawrion' T. Gwynn Jones sy'n cymryd ffigwr chwedlonol (o'r cynfyd 'Celtaidd' yn yr achos hwn) ac yn adrodd ei stori fydryddol dros sawl caniad. Dyma nodyn T. Gwynn Jones ei hun o *Caniadau* ar gefndir y chwedl yn y gerdd hon:

> Seilir y caniad hwn ar bethau oedd yn ddefod ymhlith yr hen Geltiaid ar y Cyfandir. Enw

Brythonig yw Anatiomaros. Ni ddaeth i'r Gymraeg fel enw priod, ond daeth ei elfennau. Ei ystyr yw Eneidfawr. Y mae Gwernyfed yn enw lle yng Nghymru. Yr oedd hefyd yng ngwlad Gâl.

Detholiad a geir yma eto, a'r caniad cyntaf yn portreadu dychweliad y llwyth i'w Hendref yn ystod yr Hydref – tymor allweddol a hollbresennol yng ngwaith T. Gwynn Jones – yng nghwmni eu hynafgwr a'u henuriad, Anatiomaros. Ar ddiwedd y caniad, wedi hir aros a gwylio, mae'n marw'n dawel. Yna yn yr ail ganiad cawn gynhebrwng yr hen Dderwydd, a'i gwch yn llithro i ffwrdd ar y don a hithau wedi'i chynnau ar dân i'w amlosgi. Cerdd debyg iawn i hon yw 'Broseliáwnd' – o ran ei hadeiladwaith a'i mater – ac am y rheswm hwnnw, nid wyf wedi ei chynnwys yn y casgliad hwn o gerddi.

Y Weledigaeth

Cerdd arall sy'n dangos nad bardd y canoloesol a'r ddihangfa a'r chwedloniaeth yn unig oedd T. Gwynn Jones, ond ei fod ar brydiau hefyd yn mynd i'r afael yn uniongyrchol â ffenomenau a datblygiadau technolegol y byd modern.

Argoed

Cerdd 'Geltaidd' arall sy'n perthyn i fyd 'Broseliáwnd', 'Anatiomaros' a 'Madog', ond y mae o bosibl yn rhagori ar y rheini. Fe'i cyfansoddwyd yn 1927, ei diwygio yn 1930 a'i hychwanegu at y *Caniadau* yn argraffiad Hughes a'i Fab, 1934. At Gâl y troes T. Gwynn Jones eto yma, gan gyfuno'i ddiddordebau Celtaidd â'i fydolwg gyfandirol, Ewropeaidd. Er hynny, mae a wnelo cenadwri'r gerdd â Chymru a'r Gymraeg: rhybudd o fath yw'r gerdd am y modd y gall gwareiddiad neu ddiwylliant ddiflannu a chymryd ei gymathu. Yn y math o ddiwylliant a geid yn Argoed y gallai bardd ffynnu, gan ganu 'hen ogoniant' ei lwyth ond gan lunio 'newydd gerdd' o'i draddodiad hefyd, gan greu parhad ac adnewyddiad. Erbyn y trydydd caniad, fodd bynnag, saif y bardd mewn anobaith wrth wylio'r diwylliant hwnnw'n edwino ac adfeilio yn wyneb diwylliant gormesol, mwy, sef Rhufain yn yr achos hwn.

Er hynny, erys rhyw gymaint o herfeiddiwch a gwrthsafiad yn eu mysg; ond erbyn y pedwerydd caniad, dyma'u tranc hefyd wrth i'r diwylliant mwy fynnu eu bod yn plygu glin. O wrthod gwneud hynny, cânt eu llosgi a'u hanrheithio'n llwyr. Y mae math ar foeswers dra eithafol yn ymhlyg yn y gerdd, felly, sef mai gwell gweld dinistr llwyr diwylliant yn hytrach na'i fod yn plygu glin yn daeog ac yn cymryd ei orthrymu.

Y Tro Olaf

Cerdd er cof am ei dad, Isaac Jones, 1842–1929. Roedd yntau'n barddoni yn achlysurol. Wrth waelod y gerdd, atododd T. Gwynn Jones y dyfyniad a'r nodyn canlynol: 'Mi fyddaf weithiau'n synio nad yw dioddef ond dull o ddeol meddwl a mater, fel y gallo'r meddwl fôd ynddo'i hun. (Un o'i syniadau, 1920)'.

Y Saig

Dyma'r cyntaf o gerddi 'Rhufawn', sef y ffugenw a ddefnyddiodd T. Gwynn Jones i gyhoeddi'r holl gerddi a ganlyn (heblaw 'Yr Hen Actor'), a hynny yn *Yr Efrydydd* dan olygyddiaeth Tegla Davies yn 1934 ac 1935. Casglwyd y cerddi ynghyd yn ddiweddarach a'u cyhoeddi yn *Y Dwymyn* (1944), cyfrol farddoniaeth olaf T. Gwynn Jones. Nodweddai gyfnod newydd eto o arbrofi ac arloesi wrth iddo fentro ymhellach i gyfeiriad y wers rydd a *vers libre* cynganeddol. 'Yr Eog' oedd teitl gwreiddiol y gerdd hon.

Cynddilig

Dyma'r olaf o gerddi 'mawrion' T. Gwynn Jones ac fe'i cyfansoddwyd yn 1934/35. Fe'i hysbrydolwyd gan ffigwr o lenyddiaeth a chwedloniaeth ganoloesol, ac mae tebygrwydd yma drachefn i'r cerddi eraill, cynharach: mae ffigwr y mynach yn bresennol drachefn, er enghraifft. Eto y mae'r gerdd hon yn dra gwahanol o ran ei ffurf i'r lleill, a hithau yn y wers rydd gynganeddol, ac mae hi'n dra hirfaith hefyd. Yn ogystal â hynny, mae'n fwy trawiadol ymysg cerddi eraill *Y Dwymyn* gan fod cerddi eraill y gyfrol oll wedi'u gosod mewn cyd-destun mor syfrdan o fodern.

O Ganu Llywarch Hen y daw'r ysbrydoliaeth y tro hwn, gan mai Cynddilig yw mab ieuengaf yr hynafgwr hwnnw, a'r unig un sy'n dal yn fyw wedi cyfres o frwydrau gwaedlyd i geisio amddiffyn eu treftad. Cywilyddia'r tad wrtho gan ei fod yn heddychwr ac yn fynach. Serch hynny, daw'n fwy treisgar wrth i'r gerdd fynd rhagddi ar ôl dod o hyd i gorff ei frawd Gwên (Caniad I), ac yn y diwedd fe'i lleddir yntau wedi un weithred olaf ddewr ac anhunanol (Caniad IX), gan esgor ar euogrwydd a galar yn y tad (Caniad X).

Dynoliaeth
Detholiad arall o un o gerddi'r *Dwymyn*, ond un sydd y tro hwn yn ymdrybaeddu yn holl ddinistr ac oferedd yr ugeinfed ganrif, ac mae'r gerdd yn darllen fel rhyw fath o ragargoel o raib yr Ail Ryfel Byd y byddai'r bardd yn dyst iddo ychydig flynyddoedd cyn ei farw.

Yr Hen Actor
Teitl amgen i'r gerdd yw 'Aeth o yn berffaith ieuanc', a marwnad ydyw i Gwynfor, neu T. O. Jones, 1875–1941. Cigydd ydoedd yng Nghaernarfon, ond roedd yn hynod weithgar hefyd fel actor a dramodydd, ac fel aelod o glwb Awen a Chân, yn ystod cyfnod T. Gwynn Jones yn y dref. Cyhoeddwyd y gerdd yn *Baner ac Amserau Cymru* ar 8 Hydref 1941.

Llyfryddiaeth

Aaron, R. I. (1949), 'Nodiadau T. Gwynn Jones ar *Caniadau*', *Y Llenor: Rhifyn Coffa Thomas Gwynn Jones*, XXVIII, 2: 118–24.

Bowen, E. (1971), 'Golwg ar farddoniaeth T. Gwynn Jones', *Y Traethodydd: Canmlwyddiant geni T. Gwynn Jones, 1871–1971*, CXXVI, 538: 85–91.

Chapman, T. R. (2004), *Meibion Afradlon a Chymeriadau Eraill: Golwg ar y Dymer Delynegol, 1891–1940*. Caerdydd: Gwasg Prifysgol Cymru.

Davies, E. T. (1949), 'Atgofion', *Y Llenor: Rhifyn Coffa Thomas Gwynn Jones*, XXVIII, 2: 96–109.

Gwilym, G. ap (gol.) (1982), *Cyfres y Meistri: Thomas Gwynn Jones*. Llandybïe: Gwasg Christopher Davies.

Hunter, J. (1997), 'Y Nos, y Niwl a'r Ynysig: Estheteg Fodernaidd T. Gwynn Jones', *Taliesin,* 98 (Haf), 37–54.

Hunter, J. (2007), 'Llywelyn's Breath, Arthur's Nightmare: The Medievalism within Welsh Modernism', *Cambrian Medieval Celtic Studies*, 53/54, 113–32.

Ifan, E. (2014), 'T. Gwynn Jones' "Tír na nÓg": The Irish Origins of a Welsh Classic', *Proceedings of the Harvard Celtic Colloquium*, 34, 87–111.

Jenkins, D. (1973), *Thomas Gwynn Jones: Cofiant*. Dinbych: Gwasg Gee.

Johnston, D. (1998), 'The Literary Revival', yn D. Johnston, gol., *A Guide to Welsh Literature, c.1900–1996*. Cardiff: University of Wales Press, 1–22.

Jones, D. J. (Gwenallt) (1945), 'Y Bardd', *A Great Welshman: A Symposium of Tributes.* Cardiff: Welsh Committee of the Communist Party, 15–17.

Jones, R. M. (1971), 'Cerddi Hir T. Gwynn Jones', *Y Traethodydd: Canmlwyddiant geni T. Gwynn Jones, 1871–1971*, CXXVI, 538: 48–57.

Jones, R. M. (1987), *Llenyddiaeth Gymraeg 1902–1936*. Llandybïe: Cyhoeddiadau Barddas.

Jones, T. G. (1892a), 'Cymru, a'i Chyfeillion', *Baner ac Amserau Cymru*, 23 Mawrth.

Jones, T. G. (1892b), 'Y Byd Llenyddol: Y Geninen', *Baner ac Amserau Cymru*, 26 Hydref.

Jones, T. G. (1902), *Gwlad y gan a chaniadau eraill*. Caernarfon: Swyddfa'r Herald.

Jones, T. G. (1904), 'Cymanfa'r holl Geltiaid', *Yr Herald Cymraeg*, 30 Awst.

Jones, T. G. (1910), *Ymadawiad Arthur a Chaniadau Ereill*. Caernarfon: Cwmni y Cyhoeddwyr Cymreig.

Jones, T. G. (1911), 'Ein Dysgawdwyr', *Y Genedl Gymreig*, 3 Ionawr.

Jones, T. G. (1921), 'Chwedlau'r Hen Fyd yn Gymraeg', *Y Geninen*, XXXIX, 181–5.

Jones, T. G. (1924), 'Cywydd Teyrnon Twrf Vliant. Beirniadaeth yr Athro T. Gwynn Jones', yn E. V. Evans (gol.), *Cofnodion a Chyfansoddiadau Eisteddfod Genedlaethol 1924* (Pontypŵl). Caerdydd: Cymdeithas yr Eisteddfod Genedlaethol, 62.

Jones, T. G. (1926), *Detholiad o Ganiadau*. Y Drenewydd: Gwasg Gregynog.

Jones, T. G. (1932), *Manion*. Wrecsam: Hughes a'i fab.

Jones, T. G. (1934), *Caniadau*. Wrecsam: Hughes a'i fab.

Jones, T. G. (1935), 'Ieithoedd', *Beirniadaeth a Myfyrdod*. Wrecsam: Hughes a'i fab.

Jones, T. G. (1944), *Y Dwymyn*. Aberystwyth: Gwasg Aberystwyth.

Lloyd, D. T. (1945), 'Madog', *A Great Welshman: A Symposium of Tributes*. Cardiff: Welsh Committee of the Communist Party, 19–21.

Lynch, P. (2011), 'Refferendwm 1979, Cerddi Ianws a Thopos "Y Cymry Taeog"', *Ysgrifau Beirniadol*, XXX, 78–109.

Llwyd, A. (2019), *Byd Gwynn: Cofiant T. Gwynn Jones*. Llandysul: Cyhoeddiadau Barddas.

Llywelyn-Williams, A. (1960), *Y Nos, y Niwl a'r Ynys: Agweddau ar y Profiad Rhamantaidd yng Nghymru 1890–1914*. Caerdydd: Gwasg Prifysgol Cymru.

Morgan, D. Ll. (1966), 'T. Gwynn Jones: Canu'r "Chwerwder Pur"', *Ysgrifau Beirniadol* II. Dinbych: Gwasg Gee, 200–28.

Morgan, D. Ll. (1972), *Barddoniaeth Thomas Gwynn Jones: Astudiaeth*. Llandysul: Gwasg Gomer.

Morris-Jones, J. (1909), Llythyr geirda oddi wrth John Morris-Jones, Bangor, Awst 26, 1909. LlGC Papurau T. Gwynn Jones G 4053.

Peate, I. (1949), 'Atgofion', *Y Llenor: Rhifyn Coffa Thomas Gwynn Jones*, XXVIII, 2: 108–13.

Peate, I. (1982), 'Thomas Gwynn Jones 1871–1949', *Cyfres y Meistri: Thomas Gwynn Jones*. Llandybïe: Gwasg Christopher Davies, 173–87.

Roberts, D. H. E. (gol.) (1981), *Llyfryddiaeth Thomas Gwynn Jones (The bibliography of Thomas Gwynn Jones)*. Caerdydd: Gwasg Prifysgol Cymru.

Rowlands, J. (1983), 'Dau Lwybr T. Gwynn Jones', *Y Traethodydd*, 147, 69–87.

Rowlands, J. (1992), *Sglefrio ar eiriau: erthyglau ar lenyddiaeth a beirniadaeth*. Llandysul: Gwasg Gomer.

Thomas, M. W. (2012), 'Seisnigrwydd "Ymadawiad Arthur"', *Y Traethodydd*, CLXVII: 702, 142–67.

Wiliams, G. (1993), *Y Rhwyg: arolwg o farddoniaeth Gymraeg ynghylch y Rhyfel Byd Cyntaf*. Llandysul: Gwasg Gomer.

Williams, D. (2006), *Ethnicity and Cultural Authority: From Arnold to Du Bois*. Edinburgh: Edinburgh University Press.

Williams, S. J. (1982), 'Y Gynghanedd a Chanu Rhydd T. Gwynn Jones', *Cyfres y Meistri: Thomas Gwynn Jones*. Llandybïe: Gwasg Christopher Davies, 279–85.